전세계 온라인 공개강좌의 충격

MOOC

Donaldson · Agra · Alshammari · Bailey
Bowdoin · Kendle · Nixon · Wressell 공저

손경아 · 김병호 · 곽노섭 공역

홍릉과학출판사

ISBN-13: 978-1482775334

전세계 온라인 공개강좌의 충격 MOOC

How Massive Open Online Courses Changed the World

인 쇄 : 2015년 10월 10일 초판 1쇄
발 행 : 2015년 10월 20일 초판 1쇄

지은이 : jonan Donaldson, Daniel Bowdoin, Eliane Agra, Meghan Kendle, Mohammed Alshammari, Lauren Nixon, Andrew Bailey, Lisa Wressell 공저
엮은이 : 손경아 · 김병호 · 곽노섭 공역

발행인 : 우명찬, 송 준
발행처 : 홍릉과학출판사

주 소 : 서울시 강북구 인수봉로 50길 10
전 화 : 02-999-2274~5 **팩스 :** 02-905-6729
e-mail : hongpub@hongpub.co.kr
홈페이지 : www.hongpub.co.kr

ISBN : 979-11-5600-402-8 93370

정 가 : 16,000원

파본이나 잘못된 책은 교환하여 드립니다.

서문

지난 수년간 웨스턴 오레곤 대학교의 교육학 석사과정인 정보기술 프로그램은 교육공학의 발전과 관련된 베스트셀러 및 고전을 공부하는 Big Thinkers라는 과정을 학습자들에게 제공해왔다. 이 프로그램에서 학습자들은 자신의 기술적 역량을 발전시킴과 동시에 의도적이든 비의도적이든 새로운 기술들이 이 세상에 가져올 결과에 대해 생각하기 시작하였다. 매 학기 학습자들은 우리의 생각에 영향을 미치는 기술의 영향력에서부터 진화하는 교육 시스템에 미치는 효과와 민주사회에서 기술의 역할에 이르기까지 서로 다른 디양한 주제에 대해 탐구하고 있다. 웹 2.0 또는 읽기/쓰기 웹이 도입됨에 따라 우리는 지식의 소비자에서 적극적인 지식 제공자 중의 하나로 진화해왔다. 이러한 변화에 발맞추어, 우리는 학습자들이 자신의 학습결과를 출판함으로써 지식 제작자의 역할을 할 수 있게 하기 위하여 Big Thinkers 강의를 뒤집힌 수업 모델로 실험하기로 결정하였다.

MOOC가 세상에 알려진 이후 초기 12개월간 교육계의 집중적인 주목을 끌었다. 그러나 현재까지 MOOC에 대한 많은 기사와 기고문이 작성되기는 하였지만, 아직 시중에 MOOC와 관련된 서적은 출간되지 않았다. Big Thinkers 강의 참여자들은 조난 도널드슨Jonan Donaldson 교수의 지도하에 MOOC 현상과 관련된 문헌들을 찾아 살펴보았고, 이러한 연구 결과를 편집하여 한 권의 책으로 출판하기로 결정하였다. 참여자들은 온라인에서 활용 가능한 여러 가지 협력 도구를 사용하여 작업하기를 원했기 때문에 이 책의 각 장들은 개별적으로 작성하고 편집되기보다는 모두가 함께 실시간으로 집필하고 전체적으로 편집하였다.

이 책의 내용은 참여자들이 학습하고 있는 바로 그 교육적 기술들을 활용하여 공동으로 집필하고 편집한 노력의 결과물이다. 이 책은 공개 교육, 교육적 기술, 그리고 그들이 우리 사회에 미칠 영향력에 대한 더욱 광범위한 논의의 일부분이 되기를 희망하며 저작물사용 허가표시(Creative Commons License) 하에 출간되었다.

메리 부시Mary Bucy 박사

웨스턴 오레곤 대학교

교육학 석사과정인 정보기술 부교수

코디네이터

감사의 글

저자들은 웨스턴 오레곤 대학교의 교육학 석사과정인 정보기술 프로그램을 통해 혁신을 육성하고 폭넓은 지원을 제공하며 리더십을 보여준 메리 부시 박사에게 감사의 뜻을 전합니다.

역자 서문

최근 전 세계적으로 대학교육의 비용이 증가하고 있고 학령기 인구가 감소하고 있으며 대학교육의 교수학습의 변화 등이 요구되고 있는 상황에서 새로운 교수학습방법의 하나로 온라인 공개강좌를 의미하는 MOOC(Massive Open Online Course)에 대한 관심이 폭발적으로 증가하고 있다.

MOOC는 하버드, MIT, 스탠포드 등과 같은 세계 최고 대학의 온라인 강의를 언제 어디서나 누구나 무료로 학습할 수 있도록 개방한 온라인 대형 공개강좌이다. MOOC 이전에는 2000년대 초 MIT에서 강의 동영상과 학습 자료를 무료로 공개하기 시작한 MIT OCW(Open Courseware)가 출범하였고 MIT는 이를 통해 세계적인 인지도를 얻게 되었다. 이후 각 대학별로 OCW 또는 OER(Open Educational Resources)을 통해 우수한 교육 자료를 공개하려고 노력하였다. 이를 활용해 본 학습자들은 무료 공개강의이기는 하지만 수업관리와 평가가 지원되고 일정 수준이 되면 수료증도 발급받기를 희망하였고 이에 따라 2012년 MITx가 개설되었다. 온라인 교육에서 이러한 교수학습의 변화는 MITx 플랫폼을 기반으로 하버드와 MIT가 공동으로 설립한 edX와 스탠포드 교수가 주축이 되어 설립한 Coursera의 등장으로 이어졌다.

이러한 변화는 2012년 뉴욕타임즈가 "The Year of the MOOC"라는 제목을 통해 온라인 공개 수업을 교육계의 가장 혁명적인 사건으로 명명하게 된 배경이 되었고 edX와 Coursera에 참여하는 대학과 강좌 수가 대대적으로 증가하였다. 국내에서는 2013년 edX에 서울대를 포함한 아시아 6개 대학이 참여하였고 Coursera에 KAIST가 참여하였다.

MOOC의 등장이 짧은 시간에 급속한 발전은 물론 전 세계 대학교육으로 확산된 것은 역시 세계 유명대학의 최고 수준, 최신 강의를 안방에서 무료로 학습할 수 있을 뿐 아니라 학습 참여를 지원하고 관리해 주는 토론, 질의응답 등이 가능하고 자동적으로 수업관리 및 학습 평가 등이 지원되기 때문이다. 이것은 단순히 학습 자료를 공개하던 OCW, OER을 넘어 학습활동과 학습참여를 통해 학습효과를 극대화 할 수 있다는 점에서 큰 차이가 있다고 볼 수 있다.

그렇다면 우리는 차세대 교육계의 화두로 떠오르고 있는 MOOC에 대해 얼마나 알고 있을까? MOOC로 시작된 고등교육의 혁신은 무엇이고 MOOC의 가치는 무엇이며 MOOC를 활용한 온라인 교육의 가능성은 무엇인가? 이러한 질문에 기초적인 정보를 제공하고자 문헌 분석과 연구결과에 기반하여 집필된 이 책을 번역하였다.

MOOC가 고등교육 분야에 국한하지 않고 평생교육, 학교교육, 성인교육, 직무교육 등 모든 교육에서 활용 가능성과 기대감이 증가하고 있고 국가차원에서도 한국형 MOOC를 추진하고 있는 시점에서 MOOC의 등장과 이를 통한 전 세계 온라인 공개강좌의 충격에 대해 살펴볼 수 있는 계기가 되기를 바란다.

대표역자 손 경 아
UNIST(유니스트) 연구교수

목차

서론

MOOC에 무슨 일이 있는가?

인터넷 관련 기술은 우리가 살고 있는 세상을 적극적인 방향으로 변형시키고 있다. 우리의 의사소통 방법을 변화시켰고 수동적인 콘텐츠 소비자였던 사람들을 콘텐츠 제작자의 역할을 할 수 있도록 만들어 주었다. 일반 대중과 엔터테인먼트 업계와의 관계에 거대한 변화가 생긴 것이다. 인터넷 기술은 저널리즘과 미디어의 급격한 변화를 초래했고 정부 정책에 강력한 영향력을 행사할 수 있었다. 그러나 현재까지 교육계에서의 인터넷 영향력은 미미할 뿐이다.

온라인공개강의(Massive Open Online Courses, MOOC)가 교육계에 도입된 이래 전례 없이 빠른 속도로 대중적인 인기를 끌고 있다. MOOC가 처음 등장하기 전까지 거의 20년 동안 온라인 교육은 매우 느린 속도로 발전하였다. 그러나 대규모 학습자들의 수강이 가능하도록 설계된 첫 번째 강의가 개설되자마자 1년간 수백만 명의 수강생이 MOOC에 등록하였다. 이 과목은 단지 표면적으로 볼 때 온라인 강의의 또 다른 형태로 보이겠지만 MOOC와 전통적인 온라인 강의 사이에는 많은 차이점이 존재한다. 전통적인 온라인 강의에 등록할 때는 학습자가 수강료를 지불하고, 학점을 취득하며, 강의 규모가 약 20~30명 정도로 제한된다. 기존 온라인 강의에서는 교수와 학습자 간의 원활한 상호작용을 위하여 수강생 규모를 제한한다. 그러나 MOOC는 대부분 무료이고, 대학 학점을 취득하기 위한 것이 아니며, 수강생 규모에도 제한이 없다(Pappano, 2012).

하이브리드 교육학(A Digital Journal of Teaching and Technology)의 션 마이클 모리스Sean Michael Morris와 제시 스토멜Jesse Stommel에 따르면, "MOOC는 단순한 하나의 형태가 아니다. MOOC는 전략이다. 우리가 아무리 MOOC에 대해 설명하여도 MOOC의 극적인 요소뿐 아니라 평범함, 영속성, 확산성 등을 제대로 포함하지 못할 것이다. MOOC는 서로 다른 형태로 변화무쌍하게 존재하여 초기 형태로 있다가

실체로 나타나기도 하고, 분리되었다가 융합되기도 하며, 때로는 번성하다가 소멸하기도 하고 다시 부활하기도 한다"(Stommel & Morris, 2012)라고 하였다. 또한 MOOC는 본질적으로 간단하게 정의할 수 없다고 설명한다. 왜냐하면 MOOC는 MOOC를 만들어 내는 교수, 교육기관, 기업뿐 아니라 MOOC를 통해 학습하는 학습자들에 의해 끊임없이 변화하고 진화하기 때문이다.

MOOC는 2008년 매니토바 대학교의 연결주의와 연계지식이라는 강의를 통해 최초로 소개되었고, MOOC라는 용어는 프린스 에드워드 섬에 있는 캐나다 대학교의 데이브 코미어Dave Cormier에 의해 사용되기 시작하였다(Popenici & Kerr, 2013). MOOC에 대한 전 세계적인 관심은 2011년 스탠포드 대학교 세바스찬 스런Sebastian Thrun 교수가 "인공지능 개론" 강의를 MOOC의 형태로 제공하면서 본격화되었다. 이 강의는 인터넷만 접속되어 있으면 누구든지 수강할 수 있었고 16만 명 이상의 사람들이 무료 온라인 강의에 등록하였나(Vollmer, 2012). 세바스찬 스런 교수의 강의는 유다시티 설립의 단초를 제공하였다. 2012년 중반까지 가장 잘 알려진 3개 MOOC 제공기관은 코세라(Coursera), 유다시티(Udacity), 에덱스(edX)이고 이들은 비영리기관이다(Reich, 2012).

교육자와 정책 관계자들은 모두 보편적으로 저비용 고품질의 고등교육이 제공되기를 원하고 있다. MOOC가 출현하기 전까지는 개발도상국가의 많은 사람이 고등교육을 받을 기회가 없었고, 선진국에서도 경제적으로 열악한 학습자들은 심한 불이익을 받고 있었다. 그러나 이제는 인터넷에 접속할 수만 있다면 누구라도 비용 지불 없이 학습자로서 학습할 수 있다. 온라인 학습은 전 세계의 사람이 대학 학점 취득, 직무 능력 개발, 개인적 흥미 등을 위해 어떤 과목이라도 학습할 수 있도록 허용해 주고 있다. 그러나 온라인 학습과 MOOC에 대해서 우리가 알지 못하는 것들이 많다. 우리는 이 책에서 MOOC의 긍정적인 측면과 부정적인 측면 모두를 살펴보고자 실험적인 시도를 하였다.

새로운 천 년을 맞이하면서 우리 사회는 각종 인터넷 기술들로 넘쳐나고 있다. 웹 2.0과 소셜 미디어 서비스는 우리 실생활과 불가분의 관계에 놓여 있고, 우리가 경험하는 학습 경험과도 전례 없이 복잡하게 얽혀 있다. 디지털 세대들은 전통적인 교육 방식을 답답해하고 낯설어한다.

교육 전문가들은 교육 분야에 미디어 폭풍을 수반하면서 갑작스럽게 출현한 MOOC에 대해 본능적인 충격을 받았다. 일부 전문가들은 큰 불안감을 느꼈고, 다른 전문가들은 기존의 절망이 심해지던 교육환경에 직면하여 새로운 희망을 찾기도 하였다. 이러한 극단적인 두 그룹 모두에서 MOOC가 기존 교육에 대해 파괴적 혁신의 역할을 할 것이라고 믿는 사람들이 나타났다. 이것은 마치 개인용 컴퓨터가 중대형 컴퓨터를 대체하는 것과 유사한 혁신인 것이다.

지속적인 영향을 미치는 혁신은 존속적 혁신이거나 파괴적 혁신이다. 존속적 혁신은 기존의 기술이나 실천을 개선시키는 것이다. 온라인 교육은 기존의 전통적인 교육기관들이 물리적으로 교실에 출석하지 못하는 학습자에게 참여할 수 있는 기회를 제공하도록 지원한다는 점에서 현재까지는 존속적 혁신으로 입증되었다. 하지만 온라인 교육은 전통적인 교육기관이 기존 교육 실천의 범위를 확장시키는 측면에서 구현하였기 때문에 일부 전문가가 기대했던 바와 같이 교육 시스템을 효과적으로 변형시키는 역할은 하지 못하였다. 교육 분야에서 파괴적 혁신을 구현하기 위해서는 사용하기 쉽고 가격이 저렴한 대안을 제시해야만 한다. 파괴적 혁신은 더 나은 품질의 혁신을 요구하지 않는다. 과거의 파괴적 혁신은 대체로 낮은 품질의 대안으로 시작하였고 시간이 흐르면서 품질이 개선되어 기존의 것보다 훨씬 더 우월한 품질의 혁신으로 나타났다. MOOC는 전통적인 교육 시스템을 필연적으로 지원해야 하는 혁신이 아니라 비용, 장소, 입학 기준 등의 많은 장벽을 보유하고 있는 기존 교육기관들이 쉽게 활용할 수 있는 저비용의 대안을 제공하고 있기 때문에 새로운 희망과 두려움을 동시에 불러일으키는 것이다.

설령 MOOC의 모든 요소가 전 세계의 교육 시스템을 변형시키는 파괴적 혁신이 된다고 하더라도 MOOC가 단지 일시적인 성공이 아니라는 보장은 없다. 우리는 파괴적 혁신이 되기 직전에 많은 이유로 실패하였던 과거 사례를 알고 있다. 잠재적인 파괴적 혁신을 오히려 파괴시켜 실패로 전락시킨 가장 비근한 원인은 품질이었다. 초기에 품질이 낮더라도 기존 시스템의 품질을 조속히 뛰어 넘지 못하면 파괴적 혁신이 되지 못할 뿐 아니라 대부분 기억에서 사라질 것이다. 실패하는 또 다른 원인은 기존 시스템이 새로운 혁신을 존속적인 혁신으로 변환시켜서 새로운 혁신으로 인한 위협을 극복하는 것이다.

MOOC가 파괴를 절대적으로 필요로 하는 체제에서 파괴적 혁신이 될 것임을 확신하기 위해 많은 비용과 노력을 투자하는 사람들이 있다. 이들은 현재의 교육 시스템이 기하급수적으로 증가하는 비용에 비해 점점 더 악화되는 학문적 성과를 내는 골칫덩어리가 되었다고 믿는다.

반면에 MOOC가 파괴적 혁신이 되지 않을 것임을 확신하기 위해 많은 비용과 노력을 투자하는 사람들도 있다. 이들은 교육기관의 교수진, 교재 출판업자, 시험관리 기관, 정부 공무원 등과 같은 기존 시스템과 이해관계가 있는 사람들이다.

MOOC의 운명은 불확실하며 수많은 요소가 복잡한 상호작용을 하는 상황에 따라 많은 영향을 받을 것이다. 그러나 가장 강력한 요소는 현재 교육 시스템에 투자되는 막대한 비용을 극복하고자 하는 사람들이다. 만약 이들이 기존 교육 시스템에 대한 대안으로 MOOC

를 집단적으로 일제히 선택한다면, 그 수요는 MOOC의 품질, 이용 가능성, 수량 및 형태 등을 향상시키는 측면에서 MOOC 제작자들을 위한 장려책이 될 것이다.

MOOC의 가장 매력적인 특징은 이용 가능성이다. 대부분의 교육기관에서 학습자는 강의 수강 전에 입학 절차를 거쳐야만 한다. 일부 강의, 특히 온라인 강의의 경우는 공식적으로 등록하지 않은 학습자라도 수강할 수 있다. 그러나 이 경우에도 언젠가는 입학신청 과정을 거쳐야만 한다. 하지만 MOOC는 학습자의 입학신청 절차 없이 간단한 공지만으로 수강할 수 있는 장점을 가지고 있다. MOOC에서 입학 절차는 원하는 강의에 등록하고 사용자 계정에 서명하는 것으로 이루어진 불과 몇 분밖에 걸리지 않는 매우 간단한 절차이다.

그러나 비용 문제는 남아 있다. 일부 국가들은 유치원 과정부터 박사 과정까지 전 과정의 교육을 최소 비용 또는 무상으로 제공하는 시스템을 가지고 있다. 불행히도 이런 시스템은 모든 나라의 경우에 해당하지 않는다. 교육기관들은 다른 선택 없이 수강료를 부과할 수밖에 없다. 만약 MOOC의 인기가 계속 증가하고, 모든 학문적 단계에서 MOOC 강의 수가 지속적으로 늘어나며, MOOC를 통해 학점, 자격증, 학위를 취득하는 방법이 체계적으로 갖추어진다면 이것은 등록금 지불 가치가 있는 최상급 학위 취득의 소수 교육기관을 제외한 대부분의 전통적인 교육기관들이 경쟁력을 상실하는 것으로 이어

질지도 모른다.

온라인 강의에 대한 품질 문제가 여전히 많은 사람에 의해 제기되고 있지만 조만간 급속히 사라질 것으로 보인다. MOOC뿐 아니라 온라인만으로 제공되는 강의에서 수업의 품질과 학업 성취도가 전통적인 면대면 교육과 동일하거나 일부 사례에서는 더 우수하다는 결과로 나타나고 있고, 이것이 온라인 학습 설계에 대한 우수 사례로 연구되고 있기 때문이다.

온라인 강의의 품질과 관련한 또 다른 이슈는 MOOC가 전통적인 수업의 형태를 넘어 몇 가지 고유한 장점을 가지고 있다는 것이다. 우선 MOOC가 대규모 학습자 참여로 이루어지기 때문에 자연적으로 방대한 양의 정보를 수집할 수 있고, 나아가 학습 경험을 최적화할 수 있으며, 필요에 따라서는 학습 자료와 학습 활동을 개별화할 수 있다는 것이다. 교실에서는 전 세계 어떤 교사도 학습자 개개인의 학습속도, 학습내용 전달방법, 학습활동 형태, 보충심화학습 등을 고려하여 개별적으로 최적화된 학습 경험을 설계할 수는 없다. 그러나 MOOC에는 강의를 개별화하고 최적화할 수 있는 기술이 존재한다.

개별 학습자들의 학습을 자동적으로 관리해 주는 시스템 기능은 MOOC가 가지고 있는 매력적인 양상이다. 또 다른 양상은 학습자가 학습과정에서 가질 수 있는 선택권이다. 전통적인 교육기관에서 학습자들은 특정 강의에서만 원하는 교수를 선택할 수 있다. 하지만 가

끔 선택이 불가능한 경우도 발생한다. MOOC의 범위가 지속적으로 증가하면 학습자들이 선택할 수 있는 경우도 증가할 것이다. 학습자들이 과목을 선택하는 기회가 많아진다는 것은 학습자들에게 더 많은 결정권이 주어진다는 것이기 때문에 MOOC는 시장경제와 같은 상황을 도입할 가능성이 있다. 학습자들은 이미 전 세계 최상위 교육기관의 교수들이 제공하는 강의를 선택할 수 있는 선택권을 가지고 있다.

자동처리 방식으로 진행되는 개별화 과정은 매우 흥미로운 가능성이다. 보다 일반화된 개별화 과정은 학습자 스스로 선택하여 구성하는 학습 형태이다. 학습자들은 각 학습단위에서 다양한 형태의 학습활동에 참여하기도 하고 선호하는 몇몇 학습활동을 선택하기도 한다. 또한 MOOC 강의를 게임의 형태로 변화시키는 실험도 있다. 이 실험은 대규모 멀티플레이어 역할놀이 게임(Massive Multiplayer Online Role Playing Game, MMORPG)이라는 탐구식 아이디어에 기반하고 있고 배지(badges) 시스템을 사용한다. 학습자들은 특정 학습목표에 달성하기 위해 배지 획득이 가능한 다양한 학습활동을 선택하기도 한다. 강의를 완료하였다는 것이 강의에서 주어지는 모든 과제를 해결하였다는 것으로 나타는 것이 아니라 각각의 학습목표를 달성함에 따라 획득할 수 있는 배지 확보에 근거를 두고 이루어지는 것이다.

학습의 개별화는 MOOC 환경이 제공하는 가능성이기는 하지만 모든 MOOC에서 나타나는 양상은 아니다. 오히려 모든 MOOC의 양상은 개별 학습자의 수업 참여가 요구되는 것이다. 수동적인 학습은 선택사항이 아니다. 능동적인 학습이 모든 MOOC 설계의 핵심이다. 학습자들은 다양한 형태의 학습 활동이 포함된 이전의 학습을 완료하기 전까지 다음 모듈의 학습을 진행할 수 없다. 따라서 수업이 개별화되어 있지 않더라도 능동적인 학습이 요구되고, 특히 전통적인 교실 강의에서는 중요하게 다루어지지 않은 부분에서도 능동적인 참여가 요구된다.

MOOC 고유의 장점 중 또 다른 하나는 시스템 기능인 도구의 사회적 특성이다. 디지털 세대는 상호 연결된 세상에서 성장해 왔다. 소셜 미디어와 웹의 "읽기/쓰기" 특성은 학습하는 방법의 일부분이 되었다. 전통적인 교실은 학습자들을 고립시키고 있고 학습자 개개인들이 자신만의 공부에만 집중하도록 요구한다. 이로 인해 전통적인 교실에서는 일반적으로 협력이라고 하는 것을 부정행위나 표절로 간주한다. 그러므로 전통적인 교육 시스템은 디지털 세대에게 부자연스럽고 불편한 것이 되고 있다. 온라인만으로 제공되는 MOOC는 전 세계로 확산되고, 각종 소셜 미디어 도구들과 통합되고 있다. 따라서 디지털 세대에게는 MOOC가 훨씬 더 편하고 익숙한 것이다. 그래서 MOOC가 디지털 세대의 사회적 학습 성향에 더 잘 어울린다.

대다수 교육 전문가들은 사회적 동물인 인간이 사회적 상호작용을 통해 자연스럽게 학습하는 성향이 있다는 결론에 점점 더 주목하고 있다. 심지어 일부 전문가들은 학습을 사회적 상호작용과 분리할 수 없다고 진지하게 강조한다. 다시 말해서 학습의 핵심은 사회적 과정이라는 것이다. 만일 사람들이 사회적 활동을 통하여 가장 잘 배울 수 있다면, 가장 효과적이고 광범위한 소셜 미디어 플랫폼을 기반으로한 교육 시스템보다 더 우수한 플랫폼이 있을까?

전통적인 교실 수업에서 교사는 학습 내용을 전달하고 학습자는 듣고, 읽고, 쓰고, 보고, 연습하는 역할만 하기 때문에 사회적인 활동은 최소화된다. 프로젝트중심 학습과 협력 학습에 대한 우수 사례를 연구한 결과를 참고하여 교실 수업을 역동적인 사회적 활동 상황으로 바꾸고자 하는 교수들이 증가하고 있다. MOOC는 40명 정도의 전형적인 교실보다는 수십만 명의 잠재 학습자들과 관계를 형성하는 것이 가능한 장점이 있다. 이러한 대규모 온라인 시회적 학습 환경에서 학습자들은 다양한 배경을 가진 서로 다른 학습자들, 즉 인도의 할머니, 폴란드의 발레 무용가, 미국의 건설 근로자, 탄자니아의 초등학습자, 일본의 은행원 등과 관계를 맺을 수 있으며 나아가 대화의 내용에 다양한 관점이 덧붙여져 더욱 깊이 있는 토론이 이루어질 가능성이 높아진다.

전통적인 교실에서는 학습자들이 교실의 뒷자리에 조용히 앉아 있는 것이 가능하다. 그러나 MOOC를 포함한 온라인 교육에서는 학습자들이 동료 학습자들과 상호작용하는 것이 기대된다. 많은 온라인 강의는 학습자들이 의미 있는 토론에 참여하고, 자신의 과제를 공유하고, 다른 동료들에게 피드백을 제시하지 않으면 다음 단계의 학습을 진행할 수 없도록 설계되어 있다. 이러한 상호작용은 포럼, 블로그, 위키, 채팅, 가상칠판 등과 같이 내장된 시스템 도구들을 사용하여 수행할 수 있다. 동시적이든 비동시적이든 상관없이 이러한 도구들은 학습자들에게 소그룹의 동료 학습자와 수준 높은 사회적 상호작용이 가능하도록 설정되어 있다. 다시 말해서 전통적인 교실에는 온라인 강의에 비해 훨씬 더 먼 거리감이 존재한다는 것이다.

인터넷은 놀라운 가능성을 가진 사회적 상호작용의 장을 구축하는 데 큰 기여를 하였다. 또한 모든 사람이 사용 가능한 풍부한 양의 정보를 보유하고 있다. 과거에는 많은 유형의 정보에 접근하는 것이 제한적이었다. 인터넷은 원래 공평하고 자유로운 공간에서 자유로운 정보의 흐름을 위해 설계되고 구상되었다. 인터넷 선구자들의 모토는 "정보는 자유롭기를 원한다"는 것이었다. 그러나 1세대 인터넷은 일방향 정보전달 시스템이었다. 대다수의 사용자들은 인터넷을 주로 정보 검색을 위해 사용하였을 뿐 자신들의 정보를 게재하지는 못하였다. 즉 자신의 정보를 인터넷을 통해 게재하는 기능들이 일반인이 사용하기에 너무 어려웠던 것이다. 개별적인 웹사이트를 구축하기 위해서 HTML을 배우고 홈페이지를 운영하고 관리할 공간이 필요하였다. 웹 2.0으로 불리는 2세대 인터넷은 일반인들이 정보 생산자나 출판자가 될 수 있도록 사용하기 쉬운 무료 기능들이 제공되었다.

이러한 대규모적인 변화를 과소평가해서는 안 된다. 인류 역사상 정보는 항상 극소수의 사람들에 의해 생성되고 출판되었다. 나머지 대중들은 정보의 소비자였을 뿐이다. 이러한 상황은 서적, 신문, 잡지, 텔레비전, 영화뿐 아니라 초기 인터넷에서도 동일하게 나타났다. 그러나 오늘날은 정보의 소비자가 정보의 제작자가 되었다. 이러한 변화와 마찬가지로 모든 주제에 대해 유용한 정보들이 지속적으로 증가하고 있는데 그 하나의 예가 위키피디아이다. 이것은 자연스럽

게 나타난 현상이므로 어느 날 무료로 사용 가능한 풍부한 정보들을 가지고 교육적으로 활용할 수 있는 기회가 올 것이다. 이런 관점에서 볼 때 앞으로 MOOC의 이름이나 형태는 또 다르게 진화할 수도 있지만 MOOC 자체는 이런 공간이 될 것이다.

수많은 사람이 예전에는 상상할 수도 없을 만큼의 다양한 정보에 더 빠르게 접근할 수 있도록 제공해 준 것은 바로 인터넷이다. 예를 들면, 음반을 구입해야만 음악을 들을 수 있었던 사람들이 이제는 음악 스트리밍 서비스를 통해 무료로 음악을 들을 수 있다. 많은 서적과 학술지도 마찬가지이고, 유튜브 덕분에 케이블TV에 가입하지 못하는 사람들도 좋아하는 뮤직비디오를 즐길 수 있다. 과거 경제적인 이유로 케이블TV를 시청하지 못하거나 CD와 책을 구입할 수 없었던 사람들에게는 정보의 사용 범위가 제한적이었다면 이제는 이러한 장벽들이 무너지고 있는 것이다. 다른 미디어 서비스가 변화하였던 것처럼 MOOC가 교육 분야에서 새로운 변화의 기회를 제공할 것이다.

MOOC는 엄청난 잠재력을 가지고 있다. 그러나 반드시 고려해야 할 심각한 문제점들도 있다. 첫 번째 이슈는 MOOC의 교육적 품질이 항상 좋은 것은 아니라는 것이다. 단순히 교실 강의를 비디오로 녹화하여 온라인에 업로드하고 객관식 선다형으로 중간고사와 기말고사를 치르는 MOOC 강의들도 있다. 하지만 이러한 강의 설계와 학업성취도는 완전한 실패로 나타났다. 온라인 강의를 통한 학습은 교실 강의와 다른 형태의 수업 설계가 필요하다. 온라인 강의는 다양한 학습 자료 전달방법, 다양한 학습활동, 새로운 학습에 대한 충분한 활동, 그리고 동료 학습자와의 핵심적인 상호작용을 포함해야 한다. 우수 MOOC는 이러한 필수적인 측면들을 실제로 포함하고 있지만 모든 MOOC가 그렇지는 않다. 대다수 MOOC가 온라인 강의 설계를 통해 우수 사례로 구현되지만 실패할 가능성이 높은 것도 사실이다.

전 세계의 전통적인 교육 시스템에서는 대다수의 학습자들이 스스로 동기부여를 하지 못했다. 자신들이 무엇을 배워야 하는지, 언제 어떻게 배워야 하는지, 그리고 진급하기 위해서 언제 어떻게 충분히 학습해야 하는지를 교사가 알려주기만 기대하였다. 학습자들이 자신의 학습에서 자기주도성을 가지도록 배우지 못한 것이다. 이것은 온라인 교육뿐 아니라 MOOC에서도 중요한 문제이다. 그래서 MOOC에서는 더 높은 수준의 자기주도성, 동기부여, 개인시간 관리 등이 요구된다.

학습지도, 동기부여, 시간관리 등이 교사에게 종속된 경우 성적평가는 더욱 심각한 문제가 된다. 대부분의 교사와 학습자는 과제물이 잘 평가될 것으로 기대한다. 이것은 학습자가 자신의 학습 성취를 지속적으로 자기 평가할 수 있도록 배우지 않았고, 교사가 학습자를 평가하는 전통적인 교육시스템에서 비롯된 것이다. 학습자들은 자신이 어떻게 수행하였는지를 즉각적으로 인지하는 대신에 교사가 자신이 어떻게 수행하였는지를 조언해 주도록 배운 것이다. 전통적인 교실에서 각각의 과제는 교사가 평가하고 강의 성적에 반영되며 해당 학습자에게 전달된다. 10만 명이 넘는 학습자가 수강하는 MOOC에서는 강사 또는 수업조교팀이 모든 학습자의 과제물을 평가하는 것은 불가능할 것이다. 이 문제를 해결할 첫 번째 방법은 기계식 성적 처리였다. 그러나 기계식 성적 처리는 단지 객관식 선다형 또는 OX형으로 구성된 시험에만 효과가 있었고 학업 성취를 평가하는 방법으로는 분명히 효과가 없었다. 다른 MOOC 강의는 동료평가 시스템을 도입해 보았으나 결과는 혼란만 가중되었을 뿐이었다.

성적 처리는 교사, 학습자, 동료학습자 등 누가 하더라도 문제가

있을 수 있지만 학습자들에게 유익한 피드백을 제공해야 하는 것은 의심의 여지없이 교육의 필수적인 중요한 부분이다. MOOC에서 학습자들이 담당 교사나 다른 강의의 교수진으로부터 개별적인 피드백을 받는다는 것은 불가능할 것이다. 컴퓨터가 학습자들에게 적절한 수준의 피드백을 제공하는 것도 불가능할 것이다. 이 문제는 동료 학습자들로부터 받는 피드백으로만 해결이 가능한데, 이러한 해결책은 우수 사례를 기반으로 한 연구결과에 따라 수립되면 매우 가치가 높은 방법이 되겠지만 그렇지 않으면 매우 혼란스러운 방법이 될 것이다. 불행히도 토론 수업과 동료 피드백을 실시할 경우 무계획적으로 접근하는 사례가 MOOC를 비롯한 많은 온라인 강의에서 흔히 나타날 수 있다.

MOOC에 내재된 또 다른 문제점은 학습준비 상태를 학습자 자신만 확인할 수 있다는 것이다. 전통적인 교육환경에서는 선수과목, 이전 강의의 학점, 배치고사 등과 같은 일련의 평가를 통해서 학습자의 준비 상태를 결정할 수 있었다. 그러나 MOOC에는 이러한 측정 방법들이 없기 때문에 학습준비 상태를 개별 학습자의 의사결정에 맡길 수밖에 없다. 이것은 학습자들이 부적합한 학습 단계에서 스스로 학습 진도를 관리해야 하는 문제로 이어질 수 있다. 자기 수준보다 낮은 강의에 등록하게 되면 적합한 강의에 등록하였을 때보다 흥미를 잃고 학습활동을 중단할 수도 있다. 반대로 자기 수준보다 높은 강의에 등록하게 되면 학습자는 의욕을 잃고 포기할 것이다.

만일 MOOC가 강의 규모를 제한하고 교수가 모든 학습활동을 직접 관리하여 온라인 강의 학점을 부여해야 한다면 부정행위나 표절 등과 같은 학문적 불법행위의 발생 가능성을 제거해야 할 것이다. 많은 온라인 강의에서 성적 평가는 시험 감독으로 진행된다. 시험이 시작되면 학습자들은 웹 카메라를 켜야 하고, 본인을 증명할 수 있는 사진이 부착된 신분증을 제시해야 하며, 시험 감독관에게 시험을 치르는 공간에 다른 사람이 없고 책상 위에는 휴대전화기와 같은 다른 기기들이 없음을 보여주어야 한다. 시험시간 동안 감독관은 학습자들이 하는 모든 행동을 관찰한다. 시험 감독관은 웹 카메라를 통하여 학습자들의 얼굴을 확인할 수 있고, 공유 컴퓨터를 통하여 학습자 컴퓨터에 나타나는 모든 것들을 확인할 수 있다. 이것은 학습자 수가 제한된 강의에서는 가능하지만 MOOC의 경우와 같이 수강생 규모가 1,000명이 넘는 강의에서는 시험 감독을 실시하는 것은 불가능하다. MOOC가 학점 인정 강의를 운영하지 않는다면 학습자들은 부정행위를 할 이유가 없다. 그러나 MOOC가 학점 인정 과목을 운영한다면, 부정행위는 심각한 문제가 될 것이다.

학습자가 부정행위를 하려고 생각하면 MOOC는 어떤 온라인 강의보다도 더 쉬운 환경이 될 것이다. 전통적인 교육기관에서는 학점을 취득하고자 할 경우 한 학기 한번 특정 강의에 등록할 수 있다. 그러나 MOOC에서는 학습자들이 복수의 계정을 만들 수 있고 우수한 점수를 받을 때까지 여러 번에 걸쳐 시험을 치를 수 있다. 수강생 규모에 제한이 있는 강의에서 교수는 학습자 개개인의 글쓰기 스타일을 확인할 수 있기 때문에 다른 학습자의 과제를 표절한 경우에는 쉽게 적발해 낼 수 있다. 다만 수천 명의 학습자들이 참여하는 강의에서는 당연히 불가능하다.

일부 MOOC 강의들은 시험감독 수수료를 지불하고 등록한 학습자들에게 인증서를 부여한다. 이것은 경제적 어려움 때문에 MOOC 강의를 선택한 학습자들에게는 명백히 불공평한 행위가 될 수 있다. 하루에 1달러 또는 2달러로 생활하는 개발도상국의 학습자가 인터넷에 접속하는 방법을 간신히 찾아내어 MOOC 강의에 등록하였을 수도 있다. 25달러의 시험감독 수수료가 선진국의 학습자에게는 사소한 금액일 수 있으나 다른 학습자에게는 불가능한 비용일 수도 있다. MOOC의 무료 교육이라는 숭고한 목표가 전 세계 모두에게 적용되는 것이라면 시험감독 수수료를 추가로 부과하는 것은 올바르지 않아 보인다.

수백만 명의 학습자가 대학 학점을 기대하지 않고 MOOC에 등록하고 있다. 저마다의 여러 가지 이유가 있겠지만 다른 무엇보다도 표면적으로 나타난 것은 배움에 대한 열망이다. MOOC를 학점 취득과 같은 다른 목적으로 변환시키려는 것은 전통적인 교육기관들이 잠재적으로 자신들의 사업영역을 침범할 수 있는 MOOC의 파괴적 혁신으로부터 위협을 제거하기 위한 첫 시도로 분석된다. 이러한 대안적인 시도는 MOOC 입장에서 볼 때 상상할 수 없는 것이다. 논리적으로 타당하게 변화하려면 MOOC는 고등교육을 받기를 원하는 전 세계의 모든 사람에게 완전한 무료 교육이 제공될 때까지 지속적으로 진화할 것이다. 공인된 학위인정 기관이 되기 위해 새롭게 시작하는 것을 상상하는 것은 어렵지 않다. 또한 졸업생 중에서 우수한 인재를 스카웃하고자 하는 경영진과 협력적 제휴를 하거나 광고를 하는 등의 비전통적인 재정확보 방안을 통해서 학습하고자 희망하는 모든 사람에게 고품질의 무료 온라인 강의를 지속적으로 제공하는 것 역시 상상하기 어려운 것이 아니다. 교육적 기회가 재정적 장벽이나 시장논리에 의해 지배되어서는 안된다는 신념을 지닌 많은 비정부기관으로부터도 자금지원을 받을 수 있을 것이다.

MOOC를 두려워하거나 무시하려는 일부 사람들은 MOOC가 단순히 교육자를 불신임하고 무기력하게 만들 수 있는 장기적인 연장선에 있다고 주장한다. 인기 교수에게 MOOC를 위한 콘텐츠 제작과 학습활동 구성에 대해 협조를 요청하고 다른 교수들은 이것을 활용하여 "뒤집어진 교실"을 진행한다. 즉 학습자들에게 과제로 MOOC 콘텐츠를 학습하게 한 후 교실에서는 토론, 학습활동, 평가 등을 위한 기본 자료로써 인기 교수의 교육 자료를 활용하는 것이다.

MOOC에 대한 또 다른 반론은 MOOC가 대체로 특별한 기술을 지닌 대규모 전문가 집단에 의해 구축된다는 것이다. 예를 들면 다양한 학습결과를 다룰 수 있는 콘텐츠 전문가들, 우수한 온라인 강의 설계가 가능한 교수설계자들, 개별화 수업을 제공하기 위하여 실시간으로 학습자 행동을 분석할 수 있는 인공지능 시스템 프로그래머들, 온라인 토론을 촉진할 수 있는 전문 교수진들 등이 있을 수 있다. 교실에는 이러한 복합적인 학습 환경을 제공하고자 하는 교사가 없다. 따라서 MOOC가 양질의 교육을 제공할 수 있다고 증명되더라도 MOOC는 모든 교육 전문가를 위기에 처하게 할 수도 있다.

MOOC가 양질의 교육을 제공할 것인가라는 질문보다는 MOOC가 전통적인 교육과 경쟁을 해야만 하는가라는 질문이 더 바람직할 것이다. 많은 대학교가 MOOC에 편승하는 이유는 대학들이 교육의 품질을 향상시키려는 것이 아니라 대학의 존재가치에 대한 MOOC의 잠재적 위협을 희석시키고자 하는 것이다. 이런 갈등을 해결하는 것은 얼마나 매력적인 것일까.

파괴적 혁신은 긍정적인 측면과 부정적인 측면 모두에게 의도하지 않은 영향을 주고 있다. MOOC가 파괴적 혁신으로 나타난다면 우리는 MOOC의 영향력을 주의 깊게 고려하고 대비해야 한다. 자동차가 세상에 처음 등장하였을 때 많은 사람들이 매력적이고 흥미진진한 혁신이라고 주장한 반면 다른 사람들은 믿을 수 없는 재앙의 근원이라고 주장하였다. 그러나 아무도 예견하지 못했던 것은 수억 명의 사람들이 자동차 사고로 사망한다는 것이었다. 백 년 전의 우리는 자동차를 불법으로 규정해야 했을까? 편리성이 그 비용을 감내할 가치가 있는 것일까? 이러한 결과론적인 질문임에도 불구하고 새로운 혁신이 발생하면 우리는 항상 심각하게 논쟁해야 하는 새로운 질문들에 직면한다. MOOC가 누군가를 해치려고 하는 것은 아니지만 잠재적으로 파괴적 혁신이 발생한다면 우리는 MOOC의 잠재적 비용과 혜택뿐 아니라 그 혁신을 어디에서 받아들일지를 이해하기 위해 최선을 다할 책임감을 가져야 한다. 우리는 이 책이 교육 전문가들과 관계자들에게 교육의 미래를 좀 더 개방적이고 접근이 용이하고 효과적인 모델로 만드는 데 도움이 될 논의의 시작이 되기를 바란다.

제1장

고등교육의 파괴

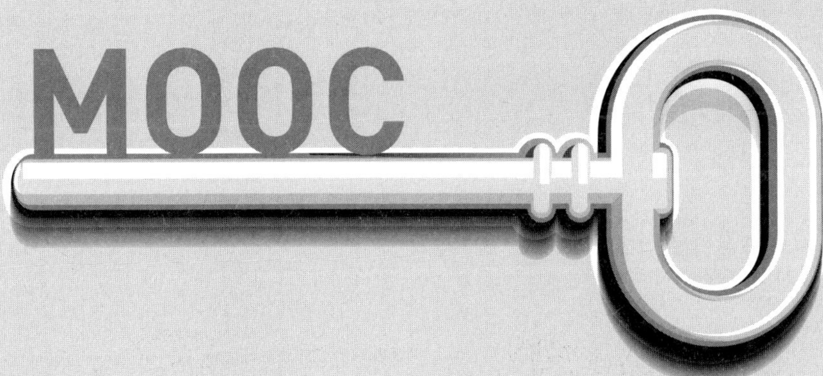

1장

새천년에 접어들면서 상호작용이 가능한 웹 2.0 도구, 초고속 인터넷 서비스, 학습자들이 편리하게 참여할 수 있는 서비스들이 급속도로 확산되었다. 디지털 시대는 경제, 문화, 기술 측면에서의 광범위한 변화가 생기면 지식을 어떻게 생산, 보존, 전달할 것인지에 대해 기본적인 질문을 갖게 하는 세계 역사의 순환기 중 하나로 설명된다 (McNeely & Wolverton, 2008, p. 7). 오늘날의 10대들은 대부분의 사회생활을 온라인에서 쉽게 할 수 있는 소셜 미디어와 함께 성장한 첫 번째 세대이다. 10대 학습자들은 이러한 온라인 사회화 과정을 기성세대들이 가늠

하기 힘든 방법으로 교사와 동료 학습자들과 상호작용하면서 준비해 왔다(Harden, 2013). 디지털 세대는 산업화 시대의 특성화 교육 모델인 정보와 지식의 선형적 전달과 표준화된 학습 그 이상의 것을 필요로 한다.

MOOC 혁신의 갑작스러운 인기에 대해 많은 교육 전문가와 현장 전문가는 고등교육이 산업화 시대의 교육패러다임에서 벗어나 21세기 교육을 실천할 모델로 나아가는 데 MOOC가 파괴적 혁신을 할 것이라고 주장한다. 미국의 전임 교육부장관인 윌리엄 베넷William Bennett은 MOOC 움직임을 "아테네적인 르네상스"에 비유하였으며, 스탠포드 대학교 총장인 존 헤네시John Hennessy는 MOOC를 쓰나미와 비교하였다(Carr, 2012). 이 장에서는 고등교육 시스템에서 증가하고 있는 불만 요소들을 논의하고자 한다. 또한 MOOC가 빅 데이터와 기계 학습의 지속적인 개선을 통해 어떻게 현재 디지털 학습자의 학습 요구를 해결하고, 어떻게 교육 분야를 변형시킬 파괴적 혁신이 될 수 있는지에 대하여 논의하고자 한다.

파괴에 대한 요구

MOOC의 성장은 고등교육 비용이 정점에 도달하였다고 보이는 그 시점에서 이루어진다. 지난 30여 년 동안 대학 등록금 인상에 대해 의구심이 지속적으로 증가하였다. 약 4배로 증가한 고등교육 비용은 대학교육이 모든 사람에게 성취 가능한 것이 아니라는 전반적인 인식으로 이어졌다(Pew Research, 2011). 오늘날 4년제 대학교에서 학사학위를 취득하기까지 평균 비용은 숙식을 포함하여 10만 달러 이상으로 파악된다(NCES, 2011). 이러한 대학 등록금의 거대한 인상에는 시설 확대 및 개선, 지속적 연구를 위한 우수 교수진 영입, 지난 40여 년 이상 지속적으로 감소한 정부의 지원 등 많은 요인이 있다(Schejbal, 2013).

중등과정 이후의 고등교육 비용은 급증하였고 생활비 상승으로 인해 일반가정의 평균 가구 소득은 상대적으로 낮아진 상태이다(DiSalvio, 2012). 이러한 교육비 상승과 임금 정체가 빚어낸 격차는 많은 가정과 학습자가 등록금 대출에 의존하는 계기가 되었다. 결국 10년도 안 되는 기간 동안 학습자의 대출규모는 거의 4배로 증가하였다. 2004년에 약 2,600억 달러 규모였던 등록금 대출 총액이 최근에는 1조 달러를 돌파하고 있다(Cohn, 2012).

이런 상황에도 불구하고 대부분의 학습자는 대학교육을 자신의

미래를 위한 훌륭한 투자라고 생각한다는 연구들이 보고되고 있다(Pew Research, 2011). 게다가 인구통계자료에 따르면 대학 졸업자와 고교 졸업자 간의 연간 평균 임금 격차는 거의 20,000달러이고, 근로기간 동안의 격차는 약 650,000달러에 달하는 것으로 나타났다. 그러나 이 자료는 청년들의 현실이 달라졌다는 것도 보여준다. 현재의 경제상황이 늘어나는 대학 졸업생을 수용하지 못한다면 MOOC의 상승작용이 일어날 것이다. 지난 10년간 대학 졸업생이 38% 증가하였고 침체된 경제가 25세 이하의 대학 졸업생들 중 절반 이상을 실업 또는 준실업 상태로 만들었다(Weissmann, 2012).

정규직으로 취업한 졸업생들 중 상당수가 본인의 전공과는 다른 분야에서 일하고 있다. 최근 많은 대학 졸업생이 서비스 종사자,

바텐더, 계산원, 소매점 점원과 같은 단순 직종에서 일하고 있다(Associated Press, 2012). 이러한 직업들은 대학 졸업생이 경력 쌓기를 기대하는 희망 직종이 아니었다. 학습자는 대학교육을 받기 위해 어쩔 수 없이 큰 금액의 대출을 받아야 했고 사회적으로 선망 받는 고임금의 직업을 얻기 위해 필사적으로 노력하였다.

그러나 청년들에게 현실은 가혹했다. 거의 절반에 가까운 졸업생이 채무를 상환하기 위해서 허리띠를 졸라매고 있다. 미국 연방준비은행에 따르면 학비대출의 25%인 3,700만 달러가 상환되지 않고 있다고 한다(Pew Research, 2011; DiSalvio, 2012). 동시에 기성세대들은 거의 4대 1의 비율로 청년들의 등록금을 내고 있고, 졸업 후 취업하기가 한 세대 전보다 더 어려워졌다고 말한다(Pew Research, 2011).

사회과학연구회(SSRC)의 2011년 연구보고서에 의하면 대학 1~2학년생의 거의 50% 학습자들이 "대학학습평가(Collegiate Learning Assessment)에서 평가하는 비판적 사고력, 복합적 추론, 서면 의사소통 등이 요구되는 과제 수행능력" 영역에서 의미 있는 향상을 보여주지 못했다고 한다(Arum, Roksa, & Cho, 2011). 미국인의 약 60%는 학습자가 대학교육을 위해 투자한 시간과 실제 대학교육에서 얻는 것 사이에는 의미 있는 차이가 있다고 믿고 있다(Carr, 2012). 현재의 경제상황과 대학교육 시스템을 고려하였을 때 과감

한 변화가 절실히 필요한 때이다.

현재 MOOC가 가지고 있는 정신은 인터넷에 접속한 사람이면 누구라도 무료로 강의를 수강할 수 있고 인증이 필요한 학습자는 최소한의 비용으로 취득할 수 있게 한다는 것이다. 지식과 정보의 분배를 수행하는 MOOC는 고등교육의 비용을 낮출 뿐 아니라 학자금 대출을 감소시키는 파괴적 혁신의 잠재력을 가지고 있다.

파괴적 혁신이란 무엇인가?

하버드 비즈니스 스쿨의 클레이튼 크리스텐슨Clayton Christensen 교수는 그의 저서 〈Disrupting Class〉에서 조직이 특정 혁신에 어떻게 왜 적응하려 하는지에 대한 이유를 설명하고 조직이 성공하기 위해서 혁신을 어떻게 이용해야 하는지를 예측하기 위해서 파괴적 혁신 이론을 서술하였다. 크리스텐슨 교수는 어떤 산업계든 두 가지 형태의 혁신이 존재한다고 주장한다. 첫째는 현재 시장을 전복시키기보다는 제품의 성능을 향상시키는 것을 의미하는 존속적 혁신이다. 연비가 더 좋은 자동차, 고해상도의 태블릿 PC, 더 빨리 복사할 수 있는 복사기 등이 존속적 혁신에 해당되는 예제이다. 그러나 가끔은 단순히 성능을 개선하는 수준이 아닌 산업 전체를 송두리째 변형시킬 무언가가 나타나곤 한다. 이러한 신제품은 대체로 기존 기술에 비해 열악한 수준임에도 불구하고 충분히 파괴의 원인이 될 수 있다. 이 신제품은 가격이 적절하고 사용이 편리하기 때문에 기존 기술을 사용할 수 없었던 사용자까지 사용할 수 있게 함으로써 더욱 넓은 고객층을 형성하는 파괴적 혁신으로 자리매김하는 것이다(Christensen, 2011, p. 45-47). 시간이 흐르면서 파괴적 혁신은 지속적인 제품개발을 통하여 기존 기술을 능가하고 새로운 기업들이 기존 기업들을 대체하게 한다(Meyer, 2010).

크리스텐슨 교수는 전형적인 파괴적 혁신으로써 개인용 컴퓨터(PC)를 꼽는다. 1980년대 초반 개인용 컴퓨터가 제자리를 찾기 이전에 컴퓨터 산업은 미니컴퓨터 제조사로서 세계 최고의 기업 중 하나인 Digital Equipment Corporation(DEC)에 의해 주도되고 있었다.

미니컴퓨터인 DEC 시리즈는 전산실을 가득 채웠던 메인프레임 컴퓨터보다는 작았지만 여전히 200,000달러 이상의 고가 장비였고 운용하기 위해서 엔지니어가 필요하였다. 이런 요인들은 DEC에는 소수의 고객층만을 보유하게 하였고, 그 동안 높은 진입비용 때문에 시장에서 소외되었던 잠재적 시장 파괴자들에게는 충분한 진출 여지를 제공해 주었다. 애플(Apple)이 이런 시장 파괴자 중의 하나였는데 성능은 열악하지만 가격경쟁력 있는 제품으로 시장점유율을 빠르게 확장시켜 나갔다. 애플의 첫 PC 모델은 원래 어린이용 오락기구로 출시되었는데 그 기대감은 미니컴퓨터로서는 헤아릴 수 없을 만큼 강력한 것이었다. 크리스텐슨 교수가 지적한 바와 같이 완벽한 시장 파괴는 시간이 걸릴 수밖에 없기 때문에 초창기 PC 판매는 DEC의 성장과 이익에 미미한 영향을 줄뿐이었다. 그러나 10년의 세월이 흐르는 동안 새로운 PC 시장에 대한 끊임없는 존속적인 혁신과 마이크로프로세서 기술의 비약적인 발전이 이루어져 PC는 이제 메인프레임이나 미니컴퓨터의 역할을 대체할 수 있게 되었다. 말할 필요도 없이 전 세계는 사실상 PC에 의해 지배되었다. 이 과정에서 1990년대 초반에 사라진 DEC와 미니컴퓨터 업계를 제외하고는 모든 사람이 경제적 이익을 보았다(Christensen, 2011, p. 48-50).

교육 분야에서 과거 혁신적 파괴

월든 대학교의 최신 기술분야 교수이자 미래학자인 데이비드 손버그David Thornburg는 진정 교육 혁명에 기여한 기술적 혁신으로 두 가지를 언급하였다. 하나는 표음문자이고, 다른 하나는 16세기 서적의 대량생산이다. 이제 모바일 기술이 세 번째가 될 것이라고 주장한다(Noonoo, 2013). MOOC가 교육 개혁을 주도할 차세대 큰 혁신의 선봉에 있다는 교육계의 주장이 분명 처음은 아니지만 MOOC가 그러한 지위를 주장할만한 태세를 갖추고 있는 것으로 보인다.

1900년대 초반 대학교는 최신 우편제도를 활용하여 강의 내용을 보내는 우편 강의를 운영하였다. 대학들은 새로운 수익을 창출하고 더 많은 개별 학습 경험과 관심을 유도하고 학습 편리성을 증진시켜서 더 많은 학습자를 유치하려고 혈안이 되어 있었다. 1920년까지 우편 강의 열풍은 경악할 정도로 폭발적이어서 대학 캠퍼스에 등록한 학습자 수보다 많게는 4배에 달하는 학습자가 등록하였다. 그러나 교육의 품질이 기대에 훨씬 못 미친다는 사실이 오랜시간 지나지 않아 곧 밝혀졌고, 결국 1930년에 들어서면서 이러한 혁명은 소멸하였다(Carr, 2012).

모든 세대는 자신들의 교육 시스템을 해치는 병폐를 치료할 수 있는 만병통치약과 같은 자체 기술을 보유하고 있다. 1940년대에 라디오가 대중화되면서 많은 사람은 라디오가 전파를 통해 교육과정을 보급하는 유익한 수단이 되리라고 믿었다. 방송통신학교(School of the Air, SOA) 프로그램을 통하여 유치원부터 고등학교까지의 교과과정을 통합하고 이를 미국 전역의 청취자들에게 방송하도록 교육과정이 설계되었다. 그러나 많은 사람이 SOA에 희망을 품었음에도 불구하고 학습자의 10%만이 참여하였을 뿐이었다(Bianchi, 2008). 1960년대 TV시대에는 존슨Johnson 대통령이 당시 교사 수급 문제에 대한 해결책으로 교육용 TV를 제시하였다. 이 과제는 1960년대에 실시된 실험으로 구현되었는데 미국령인 사모아의 학습자들이 교육용

TV 방송을 통해 교육 자료의 80% 정도를 전달받았으나 결과적으로 기술과 교육을 혼합시키는 데 있어서 실패하였다. 학습자들을 포함한 모든 사람은 몇 년 걸리지 않아 학업성취도가 하락하는 것을 깨달았고 이로 인해 프로젝트를 포기하였다(Toyama, 2011).

PC 혁명의 시기로 알려진 1980년대는 PC가 일반 가정까지 보급되기 시작하였다. 1981년에 처음 반복연습형 교육프로그램이 PC용으로 개발된 이래 1989년에는 거의 교사의 90%가 컴퓨터 혁명이 교육에 대단히 유용한 것이라고 생각하였다(Associated Press, 1989). 하지만 PC가 미니컴퓨터를 대체하고 전 세계 수십억 사람의 삶을 상상할 수 없을 정도로 편하게 만들었음에도 불구하고 교육 분야에서는 많은 사람이 기대하였던 만큼 변화를 이끌어내지 못하였다. 이러한 역사는 교육 시스템에 악영향을 미치는 "과장된 광고, 투자, 미흡한 통합, 교육적 성과 부족 등 교육 분야에서 겪는 기술의 반복적인 변화"라고 보는 것이 옳다(Toyama, 2011). 현재 세대는 1990년대 후반에 시작된 인터넷과 더불어 잠재적으로 기술을 선도해 나갈 구세주들의 아이디어를 공유하고 있다.

혁신적인 온라인 학습

손버그 교수는 이동통신용 기기들이 교육을 변혁시킬 제3의 혁신적인 기술이라고 주장하고 있지만, 다른 학자들은 차기 파괴적 혁신으로써 많은 잠재적 요소를 나열하고 있다. 예를 들면 위키, 블로그, 소셜 미디어, 오픈 소스, RSS, 구글, 클라우드 컴퓨팅, 가상 세계 등이다(Meyer, 2010). 그러나 최신 유행처럼 등장한 어느 것도 기대하는 만큼의 성과를 내지 못하였고 구체적으로 교육을 변화시키지 못하였다. 그렇다면 과연 MOOC가 사람들이 가지고 있는 의문처럼 해낼 수 있을까? 많은 사람은 MOOC가 전 세계의 정보, 미디어, 뉴스 산업 분야에서의 시장 경쟁력을 신생 세력과 대안 세력으로 구분하여 업계를 재구성함으로써 파괴적 혁신을 반복적으로 검증한다는 존 헤네시 총장의 판단에 동의한다(Boxall, 2012). 하지만 다른 회의론자들은 MOOC가 현대판 통신 강의가 될 것이라고 주장하면서 MOOC 제공자들이 견실한 사업계획을 갖고 있지 못함을 지적하고 있으며 MOOC를 기득권에 대한 위협 정도로 치부하고 있다. 그러나 크리스텐슨 교수는 혁신적인 아이디어가 혁신자들의 완벽한 사업계획으로부터 탄생하는 것이 아니라 사업계획의 일부분들로 태어난다고 지적한다(Christensen, 2011, p. 75). 세상의 시각과 관계없이, 그리고 비즈니스 모델이 불완전하다고 하더라도 투자자들은 수십만 명의 충성도 높은 고객을 대상으로 하는 거대한 마케팅 기회를 놓치지 않을 것이다. MOOC를 둘러싼 현재 상황으로 볼 때, 전 세계 MOOC 시장은 2015년까지 1,000억 달러 이상 성장할 것으로 예상된다(Boxall, 2012). 믿기 어려운 이 규모는 전 세계 190개 이상의 국가에서 160,000명의 학습자가 수강한 세바스찬 스런Sebastian Thrun 교수의 대학원 과정인 인공지능과목, 즉 전 세계 MOOC로 소개된 강의가 예상하였던 것보다 빠른 2년 이내에 이루어졌음을 고려한 것이다.

무료교육은 교육비용의 증가와 학비대출 위기를 극복할 수 있는 이타적이고 칭찬받을만한 아이디어이다. 그러나 MOOC가 학습 효과를 보장할 수 있을지는 여전히 의문으로 남아 있다. 몇몇 전문가는 온라인 학습이 면대면 학습보다 효과적이지 못하다고 주장한다. 최근 미국 교육부 연구에 의하면 온라인 환경의 학습자들은 동일한 학습 자료를 가지고 면대면 교육 환경에서 학습한 학습자들보다 평균적으로 낮은 학업 성취도를 나타냈다고 한다(Means et al., 2012). 또한 교육부 자료는 동영상 자료나 온라인 퀴즈가 온라인 학습 경험을 촉진시키는 것은 물론 다른 미디어와의 상호작용을 강화하는 도구로써 제공되었음에도 불구하고 의미 있는 학습 효과에 기여하지 못했다고 지적하였다(Means et al., 2010). 이러한 결과는 온라인 학습이 학습자들로 하여금 과제에 더 많은 시간을 할애하게 하고 자신의 학습을 더 잘 관리하게 하며 반추할 수 있는 기회를 제공해 주기 때문에 더욱 더 효과적이라는 카트리나 메이어Katrina Meyer 박사의 연구 결과를 떠올리게 한다(Meyer, 2010).

다른 연구자들은 학습자의 학습 동기가 온라인 학습의 속성과 나태해지려는 경향에 영향을 받는다고 주장한다(Elvers, Polzella, & Graetz, 2003). 예를 들면 학습자는 과제를 제출하기 위해서 일주일에 한번만 접속해도 되거나 그룹 토론이나 동영상 강의 중에 단지 접속만 해 놓은 상태로 다른 일을 할 수도 있다. 그러나 학습자가 무언가를 배우기 위해서는 정보를 습득하는 과정에 적극적으로 참여해야 하고 더 중요한 것은 자신들의 학습 결과를 말로 표현하고 적용될 수 있는 형태로 정보를 가공할 수 있어야 한다는 것이다. 이러한 능력이 없는 학습자는 온라인 학습 환경에 적응하는 데 어려움을 겪을 것이다. 크리스텐슨 교수는 온라인 학습이 학습동기가 높은 학습자들에게 더욱 적합한 자료가 있기는 하지만 온라인 학습은 시간이 흐르면서 다양한 유형의 학습자를 더욱 적극적으로 참여하도록 유도하고 있다고 주장한다(Christensen, 2011, p. 100). 교육이 학습자 스스로 자연스럽게 공부할 수 있는 방법을 제시할 때 학습자의 이해도가 더 높아지고 학습의 본질적인 동기부여가 가능할 것이다(p. 27). 이것이 MOOC가 학습자의 참여와 집중을 촉진할 수 있는 콘텐츠를 제공해야 하는 혁신적인 방법론과 새로운 기술을 보다 적극적으로 활용해야 하는 이유인 것이다.

전통적인 방식으로 진행되어 온 온라인 강의는 대부분 수업내용을 그대로 녹화하여 사용하였기 때문에 학습자의 참여를 유도하는 데 어려움이 많았다. 일부 MOOC가 동영상 강의를 포함하고 있지만 이러한 MOOC 강의들은 짧게 분절되어 있고 각각은 MOOC를 차별화시킬 수 있게 연습문제나 퀴즈가 포함되어 있다. 이러한 분절된 형태의 강의는 학습자들의 강의 집중을 높일 뿐 아니라 피드백 역시 학습자이 수업 내용을 더 잘 이해하고 습득하는 데 도움을 준다는 연구결과도 있다(Carr, 2012). 알마 대학 총장인 제프 애버내시Jeff Abernathy(2013)는 강단에서 강의하던 교수를 컴퓨터 화면 속 동영상으로 대체하고 문제풀이에 참여해야 할 몇몇 퀴즈를 제공하는 MOOC의 흐름에 편승하기 이전에 오늘날의 학습자에게는 무언가가 더 필요하다고 주장하였다. MOOC 운동이 교육비용 절감에 도움이 되는 것은 사실이지만 가장 중요한 것은 저렴하다는 것이 아니라 학습자의 학습경험을 확대시킨다는 것이다(Abernathy, 2013). 현재는 동영상 강의가 단지 수많은 MOOC 과정 설계 중 하나일 뿐이라는 사실이다. 대부분의 MOOC는 단순히 강의 콘텐츠만으로 이루어지는 것이 아니라 읽을거리, 멀티미디어, 상호작용 활동, 토론, 프로젝트 등 다양한 형태로 구성된다. MOOC는 학습자가 탐구중심 학습, 프로젝트중심 학습, 카네기멜론 대학교의 공개 학습 자료와 같은 도전중심 학습, 게임중심 학습 등을 통하여 탐구하고 창조하는

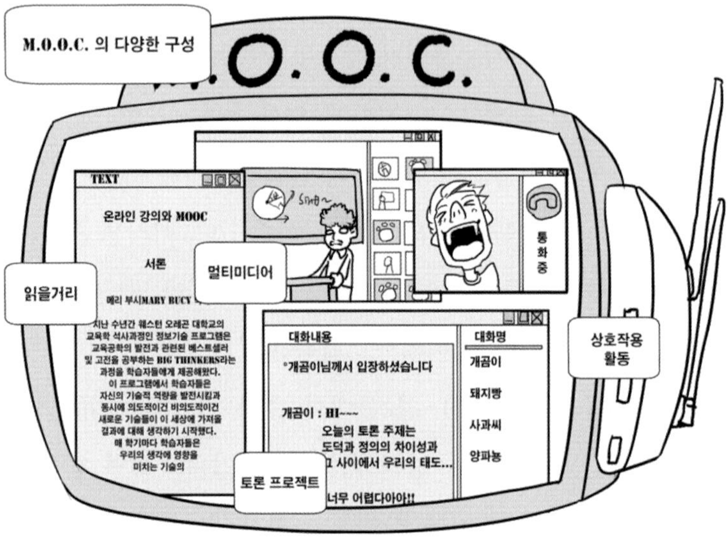

학습을 하도록 학습방법을 변화시킬 수 있다.

2013년 고등교육 분야의 뉴미디어 컨소시엄(New Media Consortium, NMC) 호라이즌 보고서(Horizon Report) 프로젝트 시사회에 따르면 게임중심 학습은 효과적인 학습도구로써 급속하게 각광받고 있다. 게임을 접목한 교육 경험들은 인지력 발달은 물론 협력, 소통, 문제해결, 비판적 사고력 등과 같은 소프트 스킬을 개발하는 데 유익한 것으로 증명되었다(NMC, 2013). MOOC가 학습 정보와 강의에 대한 접근성을 지속적으로 변화시키면서 학습자가 강의 수강을 완료하고 완전학습을 하기 위해서 교수설계자와 교사가 어떻게 학습자에게 동기 부여할 것인가가 중요해질 것이다. 이러한 교육학적인 접근은 고등교육 학습자의 학습 수준을 향상시키는 수단으로써 MOOC의 영향력을 주요 동력으로 사용할 수 있을 것이다.

기계학습과 데이터 마이닝

아직도 온라인 학습이 교수와 함께하는 면대면 학습 만큼 효과적이라고 확신하지 못하는 사람들이 있다. 열정적이고 매력적인 교수들의 온라인 강의는 분명히 많은 사람에게 학습 기회를 제공하고 있다. 센트럴 아칸소 대학교의 작문교수인 그렉 그레이엄Greg Graham은 학습자들이 가장 필요로 하는 것은 컴퓨터가 제공해 주지 못하는 느낌, 즉 직접성과 같은 것이라고 주장한다. 그리고 교사를 "직관을 포함하여 모든 감각을 사용하는 예술가로 간주하고 학습자들을 학습에 참여시키기 위해 비언어적 소통도구를 포함한 모든 도구를 사용하여 학습자 개개인과 접촉하여야 한다"라고 주장한다. 또한 교사들이 학습자들에게 맞춤화된 수업을 제공해 주는 것을 직접성이라고 정의하였다(Graham, 2012).

하지만 그렉 그레이엄 교수는 대규모 데이터 처리와 기계학습의 잠재적 능력을 간과하고 있다. 또한 유다시티의 공동 창업자인 세바스찬 스런 교수가 학습자중심 교육 자료의 핵심이라고 믿고 있는 학습 분석 역시 간과하고 있다(Carr, 2012).

분석용 소프트웨어의 발달에 힘입어 컴퓨터는 강의를 통해서 축적된 방대한 양의 데이터를 분류할 수 있게 되었다. 빅 데이터와 학습 분석은 "학습자들의 활동에 따라 생성되고 수집된 광범위한 데이터를 활용하여 학습 진도를 평가하고 향후 학업 성취를 예측하며 잠재적 이슈를 찾아내기 위한 해석"이라고 설명할 수 있다(NMC, 2013). 현재 컴퓨터는 학습자가 수강한 과목의 학습경로에 영향을 미치는 선택과 반응을 추적할 수 있다. 적응형 학습에 특화되어 있는 중소기업인 뉴튼의 연구소장인 데이비드 쿤츠David Kuntz는 학습자

들의 학습요구와 학습스타일을 알 수 있고 축적된 데이터를 기반으로 강의를 맞춤으로 제공할 수 있는 온라인 튜터링 시스템을 개발하고 있다. 예를 들면 퀴즈에 대한 해답은 학습자 수준보다 높은 심화 학습 자료와 함께 제공해 주거나 수업을 완료한 후에 새로운 주제를 소개하는 경로를 조정해 줄 수 있다. 더 많은 데이터가 축적될수록 프로그램의 완성도는 더 높아지게 된다(Carr, 2012).

데이비드 쿤츠 연구소장은 개별 학습자의 학습 요구와 학습스타일에 가장 적합한 학습 자료를 제공함으로써 학습자별로 각기 다른 학습방법을 활용하는 것이 자동적으로 최적화될 수 있는 소프트웨어가 곧 등장할 것이라고 예측한다. 기본적으로 컴퓨터는 학습자들이 어느 메뉴를 클릭하고 언제 학습속도를 증감하는지를 추적함으로써 학습자들이 어떻게 학습하는지 알 수 있다. 또한 학습자들의 요구를 예측할 수 있고 학습자들의 이해도와 기억력을 최대화하기 위해서 어떤 매체로든 학습 자료를 전달할 수 있다(Carr, 2012). 학습자들에게 학습 자료를 제공하는 방식은 모든 강의 과정에서 변할 수 있고 심지어 강의 시간에 따라 변할 수도 있다. 학습자들이 글을 읽거나 동영상을 시청하거나 강의를 듣거나 게임을 하거나 토론에 참여하는 등 어떤 방법으로 학습하더라도 소프트웨어는 개별 학습자의 학습 요구를 만족시킬 수 있다.

쿤츠 연구소장은 가까운 미래에 컴퓨터가 데이터 마이닝과 대량

고속처리 기술을 활용하여 개별 학습자의 학습요구를 반영하여 완벽하게 설계된 학습 환경을 제공할 수 있을 것이라고 예측한다. 쿤츠 연구소장을 비롯한 MOOC 지지자들이 분석용 소프트웨어 발전에 많은 열정을 가지고 있음에도 불구하고 스와스모어 대학의 역사학교수인 티모시 버크Timothy Burke는 여전히 회의적이다. 티모시 버크 교수의 견해에 따르면 원격교육이 기대에 미치지 못하고 있는 원인은 기술적 문제 때문이 아니라 그 모델이 가지고 있는 "철학적 문제" 때문이라는 것이다. 버크 교수는 그레이엄 교수와 의견을 같이 하며 "대학교육의 본질은 소프트웨어의 정교함과 상관없이 기계에 의해 모방될 수 없는 교수와 학습자 간의 긴밀한 상호작용에 있다"라고 주장한다(Carr, 2012). 이러한 주장에 동참하여 지금의 교육을 과거로 회귀시키려는 움직임에도 불구하고 이들의 의견은 대량의 축적된 데이터가 가진 잠재력을 간과하고 있는 것이 분명하다.

강의를 진행하는 과정에서 학습자들이 수행하는 모든 다양한 활동은 추적되고 목록으로 분류된다. 수천 개의 강의에서 수십만 명의 학습자들로부터 수집된 방대한 양의 데이터는 강의 개발자와 교수가 강의를 하는 데 있어서 유용한 정보와 유용하지 않은 정보로 구분되어 제공될 것이다. 코세라의 공동창업자 중의 한 명인 다프네 콜러Daphne Koller는 학습자의 지극히 상세한 행동을 대량 정보로 축적함으로써 학습자들이 복잡한 학습 자료를 어떻게 배우고 완성하는지에 대해 새로운 안목과 이해를 가질 수 있다고 지적한다(Carr, 2012). 이러한 새로운 안목으로부터 발생할 수 있는 가능성은 여러분의 상상에 맡긴다.

변화하고 있는 교육 분야

MOOC 움직임은 고등교육 분야의 변화에 대한 많은 잠재력을 가지고 있다. 고등교육 영역에서 이러한 파괴를 넘어 대학 캠퍼스의 등

록률이 감소하고 대학의 교육과정이 줄어들고 교수들이 직업을 잃게 되는 것이 가능할 것인가? 일부 사람들은 변화가 생길 것으로 생각하겠지만 실제로 대학과 교수를 폐업으로 몰아내도록 확장되지는 않을 것이다. 오늘날 대학 시스템은 교육의 민영화를 극복해 왔으며 졸업생들의 취업알선 측면에서 영리목적의 교육기관들보다 더 우수한 역할을 해왔다(Weissmann, 2012). 몇몇 연구 자료에 보고된 바와 같이 영리목적 대학교들의 등록률이 대규모로 성장하였음에도 불구하고 공립대학교들도 그만큼의 등록률 증가를 지속해 왔다(NCES, 2011). 현재의 취업시장이 고학력자를 선호함에 따라 많은 학습자가 학교로 되돌아가고 있거나 대학에 진학하려고 한다. 그러나 이들에게 교육비용 문제는 무시하지 못할 요소이고 여기에서 바로 틈새시장으로써 MOOC의 가치를 찾을 수 있다. 온라인 강의가 계속 무료로 제공될수록 학습자들은 MOOC의 학습모델에 지속적으로 관심을 가질 것이다.

대학의 미래 세대는 기술을 기반으로 사회적 의사소통을 활발하게 하는 환경에서 성장해왔다. 에듀커우즈 응용연구센터(The Educause Center for Applied Research)의 보고서에 의하면 70%의 학습자들이 혼합학습(Blended Learning) 환경에서 가장 잘 학습하는 것으로 나타났다(Educause, 2012). 학습자는 온라인으로 정보와 콘텐츠에 접근할 수 있기를 원한다. 런던 대학교가 개발도상국가 학습자의 관심을 유도하기 위해 MOOC 강의를 개설한 것과 같이 MOOC 모델은 대학 강의실로 학습자를 유도하는 교육의 출발점 역할을 수행할 수 있다. 이것은 대학의 분교에서 강의 수강이 필요한 새로운 학습자를 확보할 수 있는 잠재적 모집 수단으로써 MOOC의 사용을 기대하는 것이다(Corbyn, 2012).

대학교육에서 MOOC를 더욱 매력적이고 효율적인 학습 경험으로 활용하는 또 다른 방법은 본질적으로 강의실 수업을 뒤집는 것이다. 영국에 위치한 연구기관인 The Observatory on Borderless Higher Education의 윌리엄 로튼William Lawton 이사는 많은 대학이 경제학개론과 같은 동일한 학습내용을 제공하는 방법으로 코세라와 같은 온라인 공유 플랫폼을 사용하면 많은 이익이 될 것이라고 주장한다. 학습자들은 집에서 컴퓨터를 사용하여 동영상 강의를 시청하고 학습 자료를 탐색한 후에 캠퍼스의 교실이나 실험실에 모여 보다 깊이 있게 토론하고 학습 내용을 탐구한다(Carr, 2012). 이러한 플립드 수업 모델(Flipped Classroom Model)은 현재 상대적으로 적은 규모의 강의에서 실행하고 있지만 이 모델이 확장되면 엄청난 시사점을 암시할 것이라고 로튼은 경고하고 있다(Corbyn, 2012).

서던 캘리포니아 대학교의 전임 학장 겸 부총장인 로이드 앤더슨Lloyd Anderson은 MOOC의 저비용과 확장성으로 인해 전통적인 대학 캠퍼스의 운영 방식이 악화되는 것을 두려워한다. 앤더슨은 민간 교육기관들이 대학교육의 두 가지 목적인 연구와 서비스 중에서 전통적인 대학의 역할인 가르치는 것을 분리시키기 위해서 MOOC 플랫폼을 통한 혼합교육과 디지털 기술들을 활용하게 될 것이라고 주장한다. 이것은 연구교수들, 소수 학습자들, 거의 사용되지 않는 거대한 교육시설과 마찬가지로 대학의 하나의 겉모습으로 이어질 것이다(Hunt, 2011). 앤더슨 교수의 예상이 극단적이기는 하지만 대학 캠퍼스의 암울한 미래를 예측하는 사람은 앤더슨 한 명만이 아니다.

콜로라도 대학교의 역사학 교수인 조나단 리스Jonathan Rees는 이러한 "분리"를 산업혁명 시대의 관리자들이 업무의 전문화를 통해 특정 분야 기능공들의 축적된 기술과 지식을 몰수한 것과 같은 관점으로 바라보고 있다. 이러한 분리를 대학 행정가들이 교수 역할을 수행하는 것이라고 생각하는 것이다. 밥 새뮤얼Bob Samuels 교수는 첨단기술 고등교육 분야의 UCLA 포럼에서 자신의 보고서를 통해 조나단 리스 교수의 관점을 반복해서 강조하였는데 주요 시사점은 강의를 설계, 발표, 마케팅 등과 같은 세부 업무로 분리하고 어떻게 전달할 것인가에 관한 것이었다. 새뮤얼 교수(2013)는 우수한 교수진에 의해 만들어진 양질의 강의를 재구성하는 교육기관이 다른 고등교육기관에 그 강의를 판매할 수 있는 새로운 비즈니스 모델이 등장하였음을 지적하였다. 많은 교수진은 교수의 전문성 측면에서 새로운 비즈니스에 대한 반감을 가지게 되었다.

조나단 리스 교수는 버지니아 대학교 필립 젤리코Philip Zelikow 교수의 세계사 MOOC 강의를 듣는 과정에서 이러한 방법에 대한 잠재적 오류를 발견하였다. 조나단 리스 교수의 설명에 의하면 필립 젤리코 교수는 버지니아 대학교 학습자들에게 60명 이하의 그룹이 참여하는 토론을 자신의 주관하에 캠퍼스에서 진행될 것이라고 약속하였다. 이것은 버지니아 대학교 캠퍼스에 출석할 수 있는 학습자들에게는 대단히 좋은 기회이지만 다른 주나 다른 나라에서 코세라를 통하여 수강하는 학습자들에게는 어떤 기회가 주어질까? 다른 캠퍼스에서는 현지의 교수진들이 필립 젤리코 교수의 강의 콘텐츠를 기반으로 토론을 진행하여야 할 것이다. 조나단 리스 교수는 다음과 같이 전체적인 개념을 일축하면서 경고하고 있다.

> 정년트랙의 역사학 교수들은 그들이 무엇을 가르칠 것인지를 선택하는 것이 곧 즐거움이기 때문에 자신의 콘텐츠 창작을 캠퍼스 밖으로 보내는 것은 자존심이 허락하지 않는다. 게다가 콘텐츠 지식은 교수들이 받는 급여의 가치와 연관된 것으로 전문가인 박사들에 의해 생성되는 것이다. 그것이 아니라면 교수들은 고등학교 교사 또는 그 이하의 급여를 받을 수도 있다. 필립 젤리코 교수의 탁월한 시도에도 불구하고 이것이 역사학 교수진에게 어떻게 분리가 시작될 것인가 하는 것

이다(2013).

다시 말해, 리스 교수는 교육 현장에서 자신의 주요 업무를 다른 교수가 대신하도록 허용하는 것은 자신들의 직업에 대한 즐거움과 근무 이유를 앗아가는 행위일 뿐만 아니라 교수 직종을 피폐하게 만들 위험을 초래할 것이라고 믿고 있다. 그러나 리스 교수의 가장 큰 반대는 교육계를 장악해 가는 개별 기업체(벤처기업 투자자)들이 학습자나 교수진, 그리고 교육계 전반을 위한 최선이 무엇인지를 생각하지 않고 자신들이 효과적인 학습 환경을 제공할 수 있을 것인지도 모르면서 이익을 지속적으로 취할 것이라는 점이다(Rees, 2013).

샌디에이고 시립대학의 교수진 6명은 대학들이 MOOC를 추구하는 것은 교수직의 가치를 저하시키고, 소수의 스타 교수만을 위한 것으로 교수 지위를 단순한 "정보전달자"로 격하시킬 것이라고 신랄하게 비난한다. 또한 교수의 업무가 자신들의 직업적 전문성을 상실하게 만들 것이라고 주장한다(Cost et al., 2013). 이들의 입장에서 보면 MOOC가 고등교육의 비용을 감소시키는 데 도움이 되겠지만 교육의 질을 향상시키지는 못할 것이다. 사실상 교육은 엘리트 교육의 고비용을 감당하기 힘든 학습자의 현실을 외면한 채 2단계 시스템, 즉 명문대학의 실제 면대면 교육을 받을 수 있는 학습자와 "빠르고, 저렴하고, 쉬운" 대안을 선택해야 하는 학습자로 구성될 것이라고 주장한다(Cost et al., 2013). 그레이엄 교수는 지식과 정보의 평등을 추구해야 하는 교육이 현실에서는 가진 자와 가지지 못한 자 사이에서 더 큰 격차를 만들어 내고 있다는 역설적인 상황을 지적한다(Graham, 2012).

그러나 이러한 논쟁의 이면에는 기술의 발전에 힘입어 교육자의 전통적인 업무를 세부 업무로 업무분장함으로써 더 저렴하고 질 좋은 학습이 한꺼번에 가능하다는 시사점도 존재한다. MOOC를 지지하든 반대하든 대부분의 사람은 여전히 해결해야 할 가장 큰 우려 중 하나로 대규모 학습자들에게 콘텐츠를 전달해 주면서도 성공적인 학습 환경에 필수적인 의미 있는 관계 형성을 위해 친밀함을 유지하는 것이라는 데 동의할 것이다. 새뮤얼메리트 대학교의 교수설계자인 테드 커랜Ted Curran은 성공적인 학습 환경을 위해 가장 중요한 것은 "개별적으로 시의적절한 피드백과 교사와의 상시적인 상호작용"이지 강의나 교재의 질 또는 기술의 사용이 아니라고 주장한다. 이 모든 혼란 속에서 간과하고 있는 것은 온라인 학습과 업무분장이 실제로 교수들에게 학습자들과 개별 시간을 더 많이 갖도록 해 준다는 것이다. 이러한 패러다임 변화에서 자신의 역할에 대해 걱정하는 교수진에게 카트리나 메이어 박사는 다음과 같이 충고한다.

누군가는 교수설계를 해야 하고, 누군가는 개별 학습 지원

도구와 강의 콘텐츠를 개발해야 하고, 누군가는 질문에 대답해야 하고, 누군가는 혼란스러워하는 학습자를 지도해야 한다. 누군가는 여전히 학습 성취도를 측정해야 하고 실제 공부를 하였는지를 측정할 평가도구를 설계해야 한다. 누군가는 여전히 온라인 학습에 적응하지 못하는 학습자, 즉 자신감 없고 경험이 없고 어려운 환경에 처한 학습자의 요구를 해결해 주어야 한다. 누군가는 학습자가 온라인상에서 어떻게 학습해야 하는지에 대한 방법과 무엇을 해야 하는지에 대해 배우도록 도와주어야 한다. 누군가는 온라인의 어디에선가 시의적절한 질문, 보충심화자료 언급, 심화학습을 위한 학습평가 등으로 학습자들을 지원해야 한다(2010).

효과적인 학습 환경을 구축하기 위해 필요한 작업이 여전히 많이 있다. 교육자들이 강의, 시험, 성적처리 등과 같은 활동에 적게 참여하도록 온라인 기술을 사용하여 업무를 자동화시켜주면서 오히려 학습자들의 요구와 관심에 기반한 학습활동을 생성하는 데 더 집중하도록 지원해 준다(Curran, 2013).

이러한 관점의 변화는 교수의 업무를 모든 학습활동을 추적관리해 주는 학습관리시스템과 비교하는 대신에 보다 나은 교육 결과를 창출하면서도 교육과 업무 모두를 수용하는 것이 최선책이 될 것이다. 중고등학교 교사든 대학 교수든 가르치는 사람이면 누구라도 하나의 수업에서 교수가 효율적으로 수업을 관리하는 것보다 더 많은 일을 해야 하는 것은 명백하다. 이것은 교수의 46%가 부임 초기 5년 이내에 자신의 직업을 심사숙고한다는 통계를 보더라도 격무에 지쳐 있음을 쉽게 알 수 있다(Curran, 2013). 적은 자원으로 더 많은 일을 하려고 노력하는 대신에 다양하고 상호보완적인 기술과 강점을 지닌 교수들을 한 팀으로 구성하여 강의를 가르칠 수 있다면 어떤 종류의 학습 환경이 창출될 것인지를 상상해 보자.

이러한 설계 유형은 "교수진 분리모델"이라고 하며, 이미 역량중심 교육기관에서 선풍적인 인기를 끌며 구현되어 왔다. 유니버시티나우(UniversityNow)에서 평가업무를 수행하는 대표이사 조디 로비슨Jodi Robison(2013)은 교수진이 모든 것을 다 해야 하는 중압감에서 벗어날 수 있다는 점에서 "교수진 분리모델"을 우수한 모델이라고 주장한다. 이 모델을 완성하기 위해서는 많은 중요한 역할이 있다. 일부 교수진은 강의를 설계하기 위해서 교수설계자 및 내용전문가와 협력 작업을 해야 할 것이고, 다른 교수진은 학습자와 더욱 밀접한 학습이 이루어지도록 기회를 제공하는 촉진자가 되어야 할 것이다. 여전히 과제채점과 학습평가에만 전념하는 다른 교수진들도 필요할 것이다. 이 모델의 장점 중의 하나는 교수의 역할에서 평가를 분리함으로써 교육 경험으로부터 일어날 수 있는 평가에 대한 잠재적 편견을 제거할 수 있다는 것이다. 로비슨(2013)은 "이러한 설계 방식은 학습자의 수행결과가 교수와 상관없이 독립적이고 합리적으로 실적에 따라 평가되기 때문에 학습과정을 수료하는 학습자들에게 더욱 강한 자신감을 심어준다"라고 주장한다. 게다가 이 "교수진 분리모델"은 수업 설계, 촉진, 평가가 한 팀의 각기 다른 교수들에 의해 수행되기 때문에 학습자는 더욱 발전된 학습 네트워크를 구축할 수 있다. 무엇보다 중요한 것은 교수가 학습자에게 전지전능한 교수가 되려고 하는 대신에 교수들 자신의 업무에 시간과 관심을 집중하고, 학습자에게 개별적인 주의집중과 피드백을 제공하는 데 더 충분한 시간을 가질 수 있다는 것이다(Robison, 2013).

다음 단계는 무엇인가?

이제 우리는 지금의 고등교육 시스템이 현재와 같은 방식으로 보존되어야 하는지를 질문해야 한다. 전통적인 대학은 학습자들이 배우고 성장하는 데 필요한 정보를 얻기 위해서 교수와 물리적으로 같은 장소에 출석해야 한다는 사실에 입각하여 설계되었다(Horowitz, 2013). 하지만 오늘날 이 모델은 더 이상 필요하지도 않고 유지되지도 않는다. 온라인 학습은 이미 최소한 면대면 교육 만큼의 효과가 있다고 증명되었다. 빅 데이터와 기계학습의 지속적인 개선을 통해서 온라인 학습의 미래는 표준화된 교육에서 탈피하여 더욱 참여 가능하고 학습자중심의 학습이 될 것이다. 이것은 교수와 학습자 간의 물리적 접촉의 필요성을 제거할 것이다. 지난 30년간 급등한 등록금과 그에 따른 학자금대출 거품은 기존 시스템을 더 이상 존속할 수 없게 만들었다. 뉴욕 대학교의 클레이 셔키Clay Shirky 교수는 이러한 이유로 인해 "MOOC가 가지고 있는 가능성이 교육의 전체적인 영역에서 교육적 부분을 분리시켜 예전에는 교육의 기회를 갖지 못했던 사람들에게 기회를 제공해 줄 수 있는 것"이라고 주장한다

(Horowitz, 2013). 클레이튼 크리스텐슨 교수(2011)가 "성공하기 위해서는 파괴적 기술을 대안을 찾지 못하는 응용분야에 적용해야 한다(p. 74)"라고 연구를 통해 밝힌 바와 같이 MOOC는 이와 같은 특성을 다른 파괴적 혁신과 공유한다. 다시 말해, MOOC가 기존 대학 시스템을 파괴시키는 데 성공하려면 MOOC는 이전에는 교육시장에 진입하지 못했던 비 소비자층을 참여시키도록 만들어야만 한다.

MOOC의 짧은 역사는 과거의 파괴적 혁신과 비슷한 이야기 구조를 가진다. 크리스텐슨 교수는 모든 파괴적 혁신이 처음에는 레이더의 깜빡거리는 신호와 같이 나타나지만 주요 대세가 갑작스럽고 신

속하게 그것을 채택한다고 설명한다(Christensen, 2011, p. 91). 많은 사람이 대학에서 MOOC를 어떻게 적용할 것인지에 대해 관심을 가지고 있는데 MOOC의 움직임 역시 이러한 궤적을 따르게 될 것이다. 셔키 교수는 기존 대학들이 빠르게 움직이지 않으면, 음악 업계가 냅스터 서비스에 대응하지 못하고 다운로드 시장을 상실한 것처럼 전통적인 대학들도 코세라, 유다시티 같은 MOOC 사이트에 밀려 자리를 잃게 될 것이라고 우려한다(Bustillos, 2013). 그러나 MOOC가 진정한 파괴적 혁신임이 증명되려면 바로 그런 일이 일어나야만 할 것이다. 파괴적 혁신으로 남겨질 파장은 새로운 기업이나 교육기관들이 과거의 방식을 대체하고, 더욱 새롭고, 더욱 우수하고, 더욱 효과적인 방식으로 교체하는 것이다. 존속적인 혁신의 꾸준한 발전과 함께해 온 MOOC의 성장속도와 대중적 인기는 고등교육 시스템뿐만 아니라 전 세계의 교육방법을 혁신할 수 있는 파괴적 혁신으로 가는 과정에 놓여 있다. 아마도 현재의 고등교육 시스템이 유지될 수 있을 것인가라는 질문 대신에 그 시스템이 보존되어야 할 필요가 있는가를 묻는 것이 더 적절할 것이다.

제2장

상호작용을 통한 교육

2장

MOOC에 대한 우려를 제거하고 고등교육에 가져올 영향을 파악하기 위해서는 공개된 대규모 교육 환경에서의 학습 가능성을 고찰하는 것이 중요하다. 이 장에서 우리는 학습과 관련된 성인 뇌 기반 학습과 아동 발달 연구를 설명하고, 현재의 빠르게 변화하고 있는 의사소통 모델을 살펴보고, 교육에서 상호작용 활동의 중요한 역할에 대해 논의할 것이다. 특히 학습의 과정과 수단으로써 온라인 상호작용의 역할에 대해 논의할 것이다.

의사소통 관점에서의 뇌 연구

많은 연구에서 성인의 뇌도 계속해서 발달될 수 있다는 가능성이 보고되고 있다. 신경과학에서는 이를 가소성이라고 하지만 일반적으로는 학습이라고 한다. 홍콩 대학교의 베로니카 퀵Veronica Kwok과 리하이 탄Li-Hai Tan을 비롯한 동료 교수들은 미국 국립 과학 아카데미(National Academy of Sciences) 학술대회의 논문에서 성인의 뇌는 "아기들이 무언가를 배울 때 경험하는 것과 비슷한 자극에 노출되면 빠르게 성장할 수 있는 능력이 있다"라고 결론지었다(Yirka, 2011). 비록 성인들은 어린이들과 다른 정신적 과정을 통해 배우지만, 그들의 학습능력은 대단히 뛰어나다. 그러나 아동과 성인 모두에게 있어 학습은 다른 사람들과 나누는 상호작용의 질에 크게 의존할 수밖에 없는 사회적 행동이다.

국립 교육과정 및 평가 위원회(The National Council for Curriculum and Assessment, NCCA)는 아동이 상호작용을 통해서 학습하는 4가지 전략 리스트를 가이드로 제공하였다. 그것은 관계를 형성하고, 촉진을 증진시키고, 조직을 구성하고, 방향을 결정한다는 것이다(NCCA, n.d.). 이들 전략은 아동이 자신의 관심을 최대한 충족시키기 위해서 여러 가지 수단으로 친구들과 상호작용할 것을 요구한다. 나이가 들어가면서 첫 번째 단계인 관계형성은 중요성이 지속적으로 증가한다. 예를 들어 잠재 고용주가 신입사원 지원자를 어떻게 평가할 것인지를 고려해 보자. 면접의 형태나 질문과 관계없이 지원자가 면접관과 어떻게 의사소통하고 연관성을 맺는지에 따라서 평가될 것이다.

MOOC가 온라인으로 제공되고 수십만 명의 학습자를 모두 알기 어렵기 때문에 학습자는 새로운 관계를 형성해야 하는 유아기의 역할로 되돌아가야 한다. MOOC의 네트워킹 측면을 생각해 보자. 학습자는 자신의 관심 영역이든 아니든 강의를 수강한다. 그러나 학습자들은 관심을 공유할 수 있는 다른 학습자들과 관계를 형성할 기회를 찾아야 한다. 이것은 일반적인 교실에서는 보기 드문 상황으로 학습자들은 수업에 와서, 가끔 그룹 토론에 참여하고 자신의 길을 갈 뿐이다.

두 번째 전략은 촉진이다. "아동은 선택과 결정에 관여함으로써 배운다"(NCCA, n.d.). 온라인 교육은 상호작용 측면에서 학습자를 강의의 시작 부분에 집중하게 하는데, 그룹 과제나 프로젝트를 완성하기 위해서 동료 학습자들과 상호작용하고 의사소통을 하는 것이 필요하다. 다른 학습자들이 과목의 주제에 대하여 토론하고 있을 때, 더 이상 교실 뒤편에 앉아서 노트필기를 하고 교수의 강의를 듣고만 있을 수는 없다. 학습자들은 최선을 다해 앞에 나서야 하며, 자신의 학업은 교수에 의해서 이루어지는 것이 아니라 동료 학습자들에 의해서 평가받는다. 이러한 학업 참여는 평가받을 뿐만 아니라 토론하게 되고, 검증받게 되고, 변화하게 될 것이다. 이 과정에서 학습자들의 초기 선택과 결정이 변한다 하더라도 학습자들은 다른 동료들과의 상호작용과 협력 과정에서 중요한 무언가를 배우게 되는 것이다.

효과적인 학습 모델에서 NCCA가 제시한 마지막 두 가지 전략은 개인에게 주어진 어떤 상황이나 환경을 학습자가 조직하고 방향을 결정하는 것이다. MOOC는 학습자 스스로 언제 어디에서 학습할 것인지, 누구와 어떻게 협력하여 과제를 완수할 것인지를 결정하게 해준다. 학습자 자신이 학습에 대한 주도권을 가지고 새로운 정보와 지식을 습득하는 것이다. MOOC 플랫폼은 동료와 상호작용할 수 있는 일련의 도구를 제공하면서 학습자가 매우 높은 수준의 자기주도권을 가질 수 있도록 구축되어 있다.

우리가 가지고 있는 대부분의 새로운 정보와 기술은 면대면으로 만난 것이든, 매체나 뉴스를 통해서 얻은 것이든, 온라인의 사회적 상호작용을 통해서든 간에 다른 학습자들과 의사소통을 통해서 생성되고 축적된 것이다. 2012년에 발간된 한 연구 자료는 비교적 논의가 적었던 뇌의 백질 부분에 초점을 두고 있는데, 이 백질 부분이 뇌 부피의 약 50%를 차지하며 의사소통 네트워크의 역할을 수행한다고 보고한 것이다(Schlegel et al., 2012). 그렇다면 우리 뇌의 절반이 의사소통하는 데 전념한다는 것인가? 이런 사실이 강의에 참여하는 교육자의 사고과정에 어떻게 영향을 미칠 수 있을까? 강의가 어떻게 전달되고 습득되는가 하는 것은 전반적인 강의 설계에서 매우 중요한 요소가 되어야 한다.

온라인 강의 설계에 관한 연구중심의 우수 사례들은 학습과정과 학습구조 전체에 다각적인 의사소통 방법을 효과적으로 적용하여야 한다고 제안한다. 이것은 온라인 강의를 성공적으로 기획하고 구현하려는 사람이라면 누구나 가장 우선적으로 집중해야 한다는 것이다. 이러한 적용은 뇌가 본질적으로 뇌의 서로 다른 처리 영역 사이를 연결하는 케이블과 같은 활동을 하는 것처럼 학습자들이 자신의 두뇌 백질 부분을 충분히 활용할 수 있도록 도와줄 것이다. 일단 이러한 연결들이 형성되기 시작하면 두뇌는 정보 처리를 더욱 가속화할 수 있다. 더 많은 온라인 강의가 개발될수록 의사소통을 구현하는 수단들이 학습자의 학업성취와 전반적인 성공 측면에서 중요한 역할을 담당하게 될 것이다.

온라인 교육의 성장

온라인에서 기술적 의사소통이 증가하면서 의사소통이 의미 있는 방향으로 변화하고 있다. 새로운 기술의 변화가 사회적 상호작용과 의사소통에 급격히 적용됨에 따라 고등교육 영역에 거대한 영향을 미치고 있는 파급효과를 실감하고 있다. 원격교육은 직업 상황, 사회 환경, 가정 사정 때문에 학업을 지속하지 못했던 성인들을 위한 해결책으로써 시작되었다(Lenoue & Eighmy, 2011).

1970년대 이후 수십 년간 세계화된 국가경제가 개인들이 직업현장에서 성공하기 위해 평생학습자가 되도록 경쟁적인 분위기를 조성하면서 원격교육 프로그램의 수요가 계속 증가해왔다(LeNoue & Eighmy, 2011). 그 과정에서 성인들은 새로운 경력개발을 위해 자연스럽게 학습하였다. 그러나 많은 사람이 대학 캠퍼스로 다시 돌아간다는 것은 간단해 보이지만 현실적이지는 않다.

온라인 교육은 그 동안 학습자들에게 어떤 영향을 주었는지, 대학은 어떻게 지원하고 실현해 줄 것인지에 대해 많은 논의가 있었다.

온라인 강의에 대한 통계자료를 보면 수요는 긍정적이고 인기는 계속 증가하고 있는 것으로 보인다. 지난 몇 년간의 예측자료를 보면 온라인 교육의 성장은 안정기를 넘어 정체기로 들어섰다고 한다. 그러나 2,600개 고등교육기관을 대상으로 한 2010년 연례조사에 따르면 온라인 강의 등록생의 연간 증가율은 21%로 나타나 사상 최고치를 기록하였다(Kaya, 2010).

2009년 대학들은 100만 명 이상의 학습자가 적어도 하나의 웹기반 강의에 등록하였고, 이것은 전년대비 17% 증가한 것으로 총 560만 명의 온라인 학습자를 보유하게 되었다고 발표하였다(Kaya, 2010). 이러한 규모의 증가는 고등교육에서 온라인 강의의 인기가 점점 더 상승할 것이고 학습자 수요도 계속 높아질 것이라는 점을 시사한다. 그렇다면 이런 사실들은 고등교육이 점점 웹기반 형태로 변하고 이로 인해 교실수업이 줄고 면대면 상호작용도 줄어드는 것을 의미하는 것일까?

동일한 조사 자료에 따르면, 영리목적의 교육기관 증가율이 20%로 급등하였는데, 이것은 온라인 교육이 자신들의 장기적인 전략에 매우 중요한 부분이라고 생각한다는 것이다(Kaya, 2010). 또한 고등교육기관의 75%가 온라인 교육을 장기적인 발전계획의 필수요소로 보고 있으며 영리목적의 교육기관들이 선도하고 있다고 지적한다. 뱁슨 대학교의 통계학 및 창업 과목의 부교수이자 뱁슨조사연구그룹의 공동대표인 일레인 알렌Elaine Allen은 영리목적의 교육기관들이 온라인 교육프로그램을 가장 중요한 생업으로 인식함에 따라 이런 기관이 불균형적으로 증가하고 있다고 주장한다. 대학들은 이제 성장과 수익 창출을 위해 온라인 교육 시장 진입을 자각하고 있다(Kaya, 2010). 다시 말해, 소비자들이 온라인 교육에 대한 수요를 창출하고 있기 때문에 교육기관들은 온라인 교육 제공을 서두를 수밖에 없다.

대학 등록률이 전체적으로 하락하였음에도 불구하고 온라인 강의의 참여는 10년 동안 연속적으로 증가하였다(Sheehy, 2013). 최근 몇 년에 걸쳐 나날이 새로운 MOOC가 구현되고 있는데, 과연 이 성장은 계속될 수 있을까? 지금과 같은 초기단계에서는 향후 MOOC가 온라인 고등교육의 접근성 측면에서 실질적인 역할을 지속할 것인지 또는 학습자가 기존 4년제 대학 프로그램을 고수할 것인지에 대해 예측하는 것은 매우 어렵다. 하지만 대학 행정관리자의 66%는 온라인 교육이 면대면 교육 수준이거나 그 이상의 효과가 있다고 말한다(Kaya, 2010).

학습은 상호작용이다

MOOC의 구현과 함께 이 새로운 학습모델이 모든 사람의 주목을 끌고 있는 이유에 대해 논쟁이 이어지고 있다. 우리가 학습하고 있는 환경은 사회적 상호작용과 의사소통이 왕성하다. 상호작용은 온라인 학습의 품질을 결정짓는 매우 중요한 요소이며, 모든 사람에게 있어 상호작용은 자신의 목소리로 의견을 내는 것이다(Heeyoung & Johnson, 2012). 사람들은 다른 사람들이 자신의 의견에 귀 기울여주기를 원한다.

그런데 왜 이러한 본능적인 상호작용 핵심요소가 일을 하거나 놀거나 쉬고 있는 어디에서라도 지식과 역량을 향상시키는 데 유용하게 활용되지 못하는 것일까? MOOC가 제공하는 학습모델은 계속해서 지식과 역량을 연마하고자 하는 누구라도 강의실로 돌아갈 수 있게 한다. 누구나 알고 있듯이 나이가 들수록 계속 배워야 하지만, 다른 중요한 일들이 끊임없이 발생함에 따라 참신한 새로운 정보를 접할 기회가 점점 줄어든다.

우리는 소셜 미디어를 사용하는 온라인에 국가 차원에서 엄청나게 많은 시간을 할애하고 있다. 닐슨Nilsen의 소셜 미디어 연례보고서에 따르면, 7월 한 달간 미국인 전체가 소셜 미디어 사이트에서 사용한 시간은 1,210억 분이라고 한다. 좀 더 쉽게 해석해 보면, 트위터와

같은 소셜 미디어 사이트에 접속해서 콘텐츠를 게재하고 공유하는 데 230,060년을 보낸 것과 동일한 것이다. 더욱이 이 보고서는 사람들이 어떤 다른 분류보다도 소셜 네트워크 사이트에서 더 많은 시간을 소비하고 있다고 덧붙였다(Popkin, 2012). 간단히 말해, 인간은 소셜 미디어, 스마트폰, 태블릿과 같은 기기들을 가지고 다른 사람들과 상호작용하는 데 매우 많은 의미 있는 시간을 사용한다는 것이다. 학습자가 평생 학습자가 되도록 지원하기 위해서는 동료 간의 의사소통과 네트워킹을 통해서 학습하도록 통합하는 것이 중요하다. 온라인 학습 환경에서 상호작용은 학습자의 고차원적 사고능력 및 인지적 학업성취와 매우 긍정적인 관계가 있다고 밝혀졌다(Heeyoung &

Johnson, 2012). 한 연구 보고서는 이러한 상호작용이 긍정적인 관계 형성과 학업성취를 보이고 있으며, MOOC와 같은 온라인 학습 형태에서 긍정적인 변화가 지속적으로 상승하고 있다고 한다.

인간은 가능한 한 최선의 결과를 성취하고자 한다. 매슬로우Maslow는 자신의 저서 〈동기와 성격(Motivation and Personality)〉에서 이를 잘 설명하고 있다(Maslow, 1970, p. 92). 소셜 미디어를 통해서 대중과 의사소통할 수 있는 능력은 사람들이 더 많은 사람과 접촉함으로써 고도의 자기 성취감을 느낄 수 있게 한다. 원격교육이 지난 수십 년간 직업, 가정, 가족을 포기할 수 없었던 학습자에 의해 활용되어 왔지만, 그 사이에 의사소통 도구, 화상회의 시스템, 멀티미디어 콘텐츠 전달 도구 등과 같은 교육적 기술들이 급격히 발달하였다. 이러한 상황이 인적 자원을 양성하기 위해 매우 다양한 교육과정에서 원격교육이 필요하다는 고등교육 분야 연구문헌을 양산해 냈다(Shik & Skellenger, 2012). 다양한 온라인 학습 플랫폼에서 사용할 수 있는 교과목과 콘텐츠가 지속적으로 확대됨에 따라 이러한 요구를 충족시키기 위한 도전으로 MOOC가 떠오르고 있다.

이 책이 쓰여지고 있는 지금, 전 세계 대학 강의를 MOOC로 제공하는 거대 신생기관 중의 하나인 코세라는 추가로 29개 대학들에 92개 이상의 강의를 플랫폼에서 제공하기로 계약을 체결했다고 발표하였다(Coursera, 2013). 이런 발표는 더 많은 대학이 모든 사람에게 완전하고 균형 잡힌 교육기회를 제공해 주기 위해 영리기관과 비영리기관에 참여하는 것으로 전 세계적으로 지속될 것이다.

작년에 두 개의 신생 기업이 전 세계 참여자에게 MOOC 강의를 제공하기 위해 세계적인 명문대학교들과 제휴하였다. 뉴욕타임즈는 이 중 하나인 코세라가 페이스북과 매우 유사한 느낌을 가지고 있다고 보도하였다(Pappano, 2012). 사용자는 가입한 후에 개인정보 페이지를 생성하고 개별정보를 작성한다. 개별정보가 완성되면 같은 과목을 수강하는 다른 동료들을 온라인에서 만날 것인지, 직접 만날 것인지를 계획할 수 있다. 네트워킹과 협력활동은 오늘날 취업시장에서 핵심적인 재능이다. 요즘은 온라인 포트폴리오, 블로그, 웹 사이트 등에 새로운 형태의 이력서가 게재되고 있는 세상이기 때문에 구직자가 정보에 연결되어 있고 그곳에서 새로운 정보를 취득할 수 있다는 것을 보여주는 것은 대단히 중요하다. 사람들이 어디서든 새로운 기술과 정보를 배울 수 있고 지속적으로 관계를 유지할 수 있는 수단을 제공하는 MOOC의 능력은 기업과 고용주의 입장에서 매우 중요한 역할일 수밖에 없다.

MOOC의 장점은 무언가를 공유하려는 사람들의 요구를 잘 활용하는 것이고 이를 위해 사람들이 다양하고 방대한 과목에서 다른 사람들과 함께 학습할 수 있도록 해 준다. 흥미롭게도 일부 학습자들은 MOOC가 제공한 상호작용의 느낌이 대학 캠퍼스에서 받았던 느낌보다 더 좋다고 말한다. 크리스 호튼Chris Horton은 기업과 고용주가 어떻게 혜택을 받을 수 있을지에 대해 토론하는 MOOC 동영상 인터뷰에서 자신의 대학시절을 회상해 본다. 호튼은 학창시절 내내 대부분 혼자 공부했다고 말한다(Royer, 2012). 이런 상황은 대학원에 진학했을 때도 마찬가지였다. 많은 대학생이 비슷한 상황일 것이다. 대부분 집에서 공부하거나 혼자 조용히 공부하기 위해 대학 도서관으로 간다. 우리가 대학 생활의 일부라고 생각하였던 사회적 상호작용과는 맞지 않는 것이다. 하지만 호튼의 MOOC에 대한 경험이 규칙적인 상호작용의 장을 마련해 주었다.

인터넷을 활용하여 학습할 수 있는 능력은 매우 다양한 상호작용

기회를 가질 수 있다. 다양성은 나이, 문화, 성별, 배경, 경험 등 서로 다른 영역에서 상호작용을 통해 가능할 수 있다. 이러한 다양성은 온라인 상호작용에 기반한 교육에서 거대한 지식의 장을 형성할 것이다. 학습자 모두가 비슷한 환경에서 공부하는 것이 아니고 제각기 다른 학습 스타일을 가지고 있기 때문에 이러한 다양성은 학습자들로 하여금 최고의 혜택을 받을 수 있도록 최적의 모델을 선택할 수 있게 도와줄 것이다.

협력을 동반한 상호작용

학습자들은 다양한 문화와 배경을 가진 학습자, 전문가, 동료로부터 배우고 협력하기 위해 MOOC를 이용할 수 있다. MOOC의 온라인 상호작용을 활용함으로써 자기 인식, 분석적 사고, 리더십 능력, 조직 구성 능력, 유연성, 의사소통, 창의성, 문제해결 능력, 청취 능력, 변화에 대한 준비 등과 같은 능력을 개발할 수 있다(Cleveland-Innes & Ally, 2012). 클리블랜드-인Cleveland-Innes과 연구진은 두 가지 온라인 플랫폼을 비교하고 논의하는 연구에서 온라인 상호작용을 통한 전반적인 학습의 장점을 제시하고 있다.

온라인 상호작용의 장점은 접근성과 시간적 유연성이다. 학습자가 다른 학습자와 함께 참여하고 자신의 속도에 맞게 학습할 수 있는 점은 이미 증명된 장점이다. 온라인 강의는 학습자들 사이에 풍부한 상호작용 분위기를 조성해 주어 더 잘 참여하게 한다(ClevelandInnes & Ally, 2012). 상호작용 방법과 멀티미디어 자료를 사용하는 것이 지원됨에 따라 소셜 미디어 소프트웨어는 교육자들에게 과거 그 어떤 교육적 기술보다 더 학습자 참여를 유도할 수 있게 해 준다 (LeNoue & Eighmy, 2011). 이러한 새롭고 혁신적인 상호작용 방법과 소셜 미디어 소프트웨어를 통해서 온라인 학습은 더욱더 널리 퍼져나가고 있다. 온라인 학습과 관련된 신기술의 발전에 힘입어 지금은 고등교육 분야에서 접근성, 경제성, 장소의 유연성을 확보함으로써 과거에는 보지 못했던 대규모 참여자 증가를 확인하고 있다.

사회화는 상호작용을 통한 교육의 중요한 부분 중 하나이다. 사회화 과정은 사고력, 의사소통, 동기부여, 지식습득의 과정을 거친다. 학습자들은 다른 학습자로부터 배우고, 다른 학습자와 함께 배우고, 상호작용하기를 원한다. 클리블랜드-인과 앨리Cleveland-Innes & Ally(2012)가 설명하였듯이 미디어를 적용한 학습전략으로 인해 미디어를 통한 학습은 학습 효과를 가지고 있다. 미디어를 통해 학습할 때 필요한 기법은 물리적인 교실에서 요구되는 기법과는 다르다.

스트리보스Strijbos는 자신의 논문인 "그룹기반 학습을 위한 분류 모델(A classification model for group-based learning)" 에서 상호작용

을 통해 교육이 이루어지는 그룹기반 학습에 초점을 두고 있다. 협력적 그룹 활동은 교수학습 과정에서 학습을 지원하고 이해를 향상시키는 역할을 한다고 증명하였다(Strijbos, 2000). 온라인 그룹 활동은 상호작용을 통한 교육에 근거하고 있고 이 과정에서 개별 학습자들은 다른 학습자들과 상호작용하고 자신의 의견 제시에 중점을 둔다. 온라인 강의에 참여하는 학습자들은 면대면 수업에서 발생할 수 있는 갈등과 답변에 대한 부담 없이 자신의 생각을 보다 자유롭게 공유한다. 게다가 학습자들의 전체적인 학점은 수업참여로 결정되고, 학습시스템은 학습자들이 토론, 동료 간 피드백, 그룹 프로젝트 평가에 충분히 참여할 때까지 다음 학습 단계로 넘어가지 못하기 때문에 학습자들은 상호 협력할 수밖에 없다. 온라인 학습의 상호작용 요소는 면대면 교육에서 이루어지는 상호작용 요소와는 본질적으로 다른 것이다. 면대면 교육에서 학습자들은 정해진 시간에 교실에 가서 교사들의 요구에 따라 기꺼이 상호작용하면 된다. 그러나 온라인 학습에서는 과제를 게시물로 올리고 다른 학습자의 과제에 답변하기 위해서 지속적으로 로그인하고 상호작용해야만 한다.

온라인 교육: 새로운 개인교육프로그램(IEP)인가?

교육은 학습의 핵심이 더욱 개별화되고 자기조절이 가능해지고 있다는 전환점에 서 있다. 물리적인 교실에서는 개별적인 요구나 학습스타일에 대한 고려 없이 학급 전체에 맞춰진 모든 방법에 따라 하나의 규모로 수업이 이루어진다. 반면에 MOOC를 활용한 온라인 교육은 학습자 간의 상호작용을 통해서 개별적인 요구와 학습스타일에 직면하고 이를 수용한다. 학습자는 동료와의 상호작용을 통해서 서로의 강점과 약점을 배우고 공유한다.

아바지안Abajian과 연구진(2011)에 의해 논의되었듯이, MOOC를

통한 상호작용 방법들은 매우 다양하고 많다. 그 중 하나로 소셜 네트워크를 예로 들 수 있는데, 좀 더 구체적으로 말하면 웹상에서 음성이나 동영상으로 다른 사람과 상호작용할 수 있는 구글 행아웃을 통해서 여러 다른 온라인 그룹에 가입하는 것이다. 이것은 학습자들에게 인터넷을 넘어 동료들과 다른 차원의 연결을 느낄 수 있도록 면대면의 실제 교실 상황을 만들어 준다.

아바지안과 연구진(Abajian et al., 2011)에 의해 제기된 MOOC에서의 또 다른 상호작용 방법은 강의 토론방에서 상호작용하는 것이다. 일부 과목의 경우 학습자들은 과목의 성적 평가 요건으로 제시된 포럼에 참여한다. 학습자가 자신의 생각을 게시하면 다른 학습자들이 의미 있는 질문과 피드백으로 댓글을 한다. 이러한 과정은 상호작용하는 시간을 만들어 주고 주제에 대해 지식과 생각을 확대할 수 있으며 동료들과 난상토론을 생성할 수 있다. 이 과정에서 학습자들은 자신만의 의견을 형성하고 동료를 지원할 방법을 찾으며, 궁극적으로 자신의 견해를 다른 관점에서 바라보는 진정한 가치를 발견하게 된다.

상호작용을 통해 가치 있는 교육이 이루어지기 위해서는 MOOC를 이해하고 MOOC가 기존의 면대면 교육과 어떻게 다른지를 파악하는 것이 무엇보다 중요하다. 마스터스Masters(2013)가 언급하였듯이 MOOC의 주요 장점 중의 하나는 교육적 정보를 수집하고 가공하기 위해 상호 간에 주고받는 상호작용이다. 나아가 마스터스는 상호작용의 부족이 다른 사람으로부터 배워야 할 지식의 결핍을 초래할 수 있기 때문에 상호작용을 통한 교육의 참여가 중요하다고 강조한다. 온라인 학습에서 적극적으로 참여하는 것은 중요하고 필수적인 것이다. 학습자는 더 많이 상호작용할수록 다른 학습자로부터 더 많은 가치와 지식을 얻을 수 있다. MOOC에서 교사의 역할은 지원하는 것이고, 실제 학습은 학습자들 서로 간의 상호작용에 의해 이루어진다. 학습자들은 다른 학습자들과 질문하고 답변할 뿐 아니라 아이디어와 관심을 교류하는 주체가 되는 것이다.

제3장
내 손 안의 학습

3장

MOOC에는 여러 가지 혜택이 있다. 그 가운데 핵심은 시간과 장소에 제약이 있는 전통적인 강의실을 벗어나 누구나 쉽게 온라인 강의에 참여할 수 있는 원격교육이다.

최근 MOOC를 통한 온라인 교육 활성화에 힘입어 원격교육에 대한 연구 또한 활발히 진행되고 있다. 이 장에서는 그 중 두 가지 측면, 즉 MOOC를 통한 원격교육과 그 새로운 환경에서 창출되는 다양성에 대해 논의하고자 한다.

MOOC는 전 세계 모두에게 강의를 제공할 수 있기 때문에 학습자들은 자신이 살고 있는 편한 장소에서 다른 학습자들과 서로 상호작용하고 협업하며 자신만의 학습속도로 학습을 진행할 수 있다. 학습자들은 학습자들끼리 의견을 주고받을 때 가장 잘 학습할 수 있고, 이때 교수는 조력자의 역할을 한다. 따라서 학습자들이 스스로 학습을 주관할 수 있고 교수는 이를 지원한다는 점에서 MOOC는 학습과 지식 습득을 위한 최선의 방안이라고 할 수 있다. 또한 자율적 및 능동적 학습의 관점에서 보더라도 복잡한 입학 원서 작성, 지원 자격, 수천 달러의 수강료 지출 없이 원하는 강의를 온라인으로 제공하는 MOOC야말로 최적의 학습 도구인 것이다. 인터넷의 긍정적인 측면을 기반으로 교육에 보다 많은 사람이 접근하여 이러한 혜택을 누릴 수 있도록 전 세계가 나서야 할 때이다.

원격교육

온라인 강의를 말할 때 제일 먼저 떠오르는 것은 거리가 더 이상 문제가 되지 않는다는 점이다. 이것이 바로 원격교육이다. 대규모의 학습자를 동시에 효율적으로 교육하는 방법으로 온라인 강의 외에 다른 방안이 있을까? 학습자들은 학습하기 위해 어떤 교통수단이 가능한지, 시간이 얼마나 걸리고 교통비는 얼마가 필요한지 등에 관해 더 이상 고민할 필요가 없다. 또한 강의가 어디서 개설되는지에 관계없이 집을 떠나 이동할 필요도 없다. 단지 컴퓨터와 인터넷만 연결되어 있으면 가능한 것이다.

크리에이티브 커먼즈의 전속 작가 다나 볼머Dana Vollmer에 따르면 MOOC의 목적은 세상 모든 사람에게 양질의 고등교육을 제공하

는 것이다(2012). MOOC의 M(massive)은 '대규모'를 뜻하는 개념으로 초대형 규모의 학습자들이 동시에 단일 강의에 등록하여 수강한다는 것을 의미한다(Rodriguez, 2012). 온라인 교육은 거리 이동 부담, 집안 일로 인한 시간 부족, 업무로 인한 시간 제약을 사실상 거의 제거함으로써 보다 많은 학습자가 동시에 참여할 수 있는 기회를 제공한다.

MOOC는 물리적인 교실에 참석하지 않으면 쉽게 놓칠 수 있는 끈끈한 교우 관계를 자체적으로 제공함으로써 학습을 향상시킬 수 있다. MOOC에서 공동체 체험인 커뮤니티는 유의미한 학습이 되도록 향상시키는 데 매우 중요한 요소이다. 류, 매그주커, 봉크, 이가 참여한 연구에 따르면, 교사들은 온라인 학습에서 요구되는 학습목표의 질적 수준을 달성하고 학습자의 만족도에 긍정적인 영향을 주기 위해 커뮤니티 체험을 활용할 필요가 있다고 지적한다(2007). MOOC는 "문화적 또는 민족적 차별에 따른 소외의 두려움" 없이 학습자들이 공동체에 참여할 수 있는 다양한 의사소통 및 협력 활동을 제공한다(Young & Bruce, 2011). MOOC는 그 자체로 수천 명의 학습자가 서로 끊임없이 상호작용하고 의사소통할 수 있는 개방된 온라인 환경을 전제로 하기 때문에 커뮤니티 체험은 필수적일 뿐만 아니라 직접적으로 연관되어 있다. 학습자가 온라인 강의를 통해 진행되는 학습과정에서 스스로 참여하기 위해서는 고립되어 있다기보다는 연결되어 있다는 느낌을 가지는 것이 반드시 필요하다.

교육은 어떻게 진화하는가

교육의 양상이 변화하고 있다. 웹을 활용한 온라인 학습을 수강하고 새로운 형태의 커뮤니티를 창출하는 것은 이제 교육의 또 다른 표준이 되고 있다. 디지털 원주민들과 이민자들은 인터넷 기술을 통해 새롭게 열리고 있는 폭넓은 가능성을 개척하고 있다. 원격교육은 기하급수적으로 증가하고 있는 학습자들을 위한 새로운 방식의 학교교육이고 이를 둘러싼 여러 긍정적인 효과도 나타나고 있다. 더 많은 사람이 스스로의 지적 영역을 넓힐 수 있도록 온라인 교수법에 대한 우수 사례 연구와 새로운 기술 개발도 활발히 진행되고 있다. 하지만 최근까지도 온라인 교육의 수혜는 해당 교육기관에 등록할 수 있는 사람들에게만 제한적으로 제공되었다. 온라인 교육의 접근성 측면에서 모두가 동등한 기회를 가진 것은 아니라는 뜻이다. 그럼에도 불구하고 지난 20여 년간 온라인 교육 수강생의 수는 꾸준히 증가하고 있다.

관련 연구자인 크로티Crotty(2012)에 따르면, 2010년 가을을 기준으로 610만 명의 학습자가 적어도 하나 이상의 온라인 강의에 등록하였다고 한다. 이 연구는 교육을 받는 입장에서 온라인 교육이 분명히 가치가 있음을 증명하는 것이며 시간이 지날수록 더욱더 대중화되고 있음을 보여준다. 점점 더 많은 사람이 온라인 교육에 참여하고 있고 그 가능성을 활용하고 있음은 분명한 사실이다.

아르헨티나 거시경제연구센터대학(Universidad del Centro de Estudios Macroeconómicos de Argentina, UCEMA)의 로드리게즈Rodriguez 교수(2012)에 의하면 학습자는 자신의 학습을 스스로 제어할 수 있다고 느낄 때 학습에 대한 동기와 욕구가 더 강해진다고 하였다. 원격교육에서 학습자는 자신의 학습을 제어할 수 있을 뿐만 아니라 자신이 무엇을 공부하고 싶은지 어떻게 학습 효과를 높일 수 있는지를 스스로 계획할 수 있다. 아마도 이러한 점이 보다 더 적합한 교육 방식으로 왜 원격교육이 받아들여지고 있는가에 대한 답이 될 수 있을 것이다. 사람들은 온라인 수업방식을 통해 스스로에게 최적화된 맞춤형 학습을 찾아낼 수 있다.

이러한 형태의 개별화된 맞춤형 학습은 사람들 개개인의 삶에 있어서 다른 영역에도 긍정적인 측면이 될 수 있다. 성인을 위한 최선의 교육 방식은 그들이 직장 내에서 일하면서도 배우고 습득한 지식을 업무에 적용하고 지식의 폭도 넓혀갈 수 있도록 지원하는 것이다(Pappano, 2012). 직장에 다니는 사람들도 자신의 경력 개발을 위해 학교에 가는 부담 없이 온라인 강의를 수강할 수 있다. 학습의 결과가 업무 환경에서 즉각적으로 실제 생활에 응용되었을 때 얻게 되는 보람도 물론 크지만 일과 배움을 언제든지 병행할 수 있다는 사실 그 자체야말로 완전히 새로운 경험인 것이다.

온라인 강의 요건

온라인 교육은 학습자들로 하여금 학교 교실보다 더 잘 참여하고 협력하고 자기주도적이 되도록 요구한다(Crotty, 2012). 학교 교실에서는 대부분의 시간을 주어진 과제를 해결하는 시간으로 보내는 반면 온라인 강의에서는 세세한 참여를 하는 데 보다 많은 시간이 요구된다. 즉 이메일, 게시판 등록과 피드백, 온라인 탐색 등을 지속적으로 확인할 필요가 있다. 오히려 원격교육은 학습이 어떻게 이루어지고 학습자가 어떻게 스스로 학습하는지에 관해 전혀 새로운 교실 경험을 하는 것이라고 보는 것이 옳다.

온라인 강의는 학습자 스스로 학습 진도를 관리하도록 설계되어 있고 이에 따라 학습자 참여가 이루어지기는 하지만 학습자가 다음 단계로 넘어가기 전에 해당 학습목표와 개념을 달성하도록 요구된다. 학습자들은 온라인상에서 다른 학습자들과 상호작용하고 학습자료를 서로 주고받는다. 교사는 단계마다 다음 단계로 넘어가기 전에 학습자가 도달해야 할 목표를 명확히 설정해야 한다. 이것은 건물을 지을 때 본 공사에 앞서 비계를 먼저 설치하는 일과 같다. 좌절하는 상황이 발생하여도 인내와 끈기가 성공의 열쇠이기 때문이다.

학습자들을 수동적으로 두면 안 된다. 대신에 학습자들이 콘텐츠에 포함된 빈번한 퀴즈, 온라인 토론, 상호작용 활동, 학습자료 읽기와 평가 등으로 수업에 적극적으로 참여하도록 유도해야 한다. 학습자들은 문제에 직면하더라도 교수의 안내와 동료 학습자의 도움을 통해 자기만의 새로운 해결 방식들을 습득함으로써 점차 자율적인 학습자로 성장한다(Pratt, 2010). 대부분의 MOOC는 규모가 아주 크기 때문에 강의는 자기주도적 학습뿐만 아니라 학습자 간의 상호작

용에 크게 의존할 수밖에 없다. 이와 같은 방식의 학습에서는 학습자들이 각자 자신에게 맞는 학습속도로 정보를 얻을 수 있기 때문에 보다 심층적인 이해를 할 수 있다. 나아가 학습자들은 다른 학습자와 함께 자신의 아이디어를 공유하고 다양한 동료로부터 새로운 시각을 얻기 위해 자연스럽게 협력하는 방법을 배우게 되는 것이다. MOOC에 참여하였던 한 학습자는 MOOC 환경에서의 학습 경험을 바로 자기 옆에 튜터가 생긴 것 같다고 표현하기도 했다(Pappano, 2012). 튜터를 활용해 본 이런 느낌은 몇 번이고 다시 볼 수 있고 심지어 필요하면 저속으로도 볼 수 있는 짤막한 동영상 강의를 시청할 때 생성되었다고 한다. 웅성거리는 강의실에서 잘 보이지도 않는 칠판을 보며

필기를 하는 모습과 달리 온라인 강의를 듣는 학습자에게는 깨끗한 화면과 학습 자료를 이해하였는지 확인할 수 있는 퀴즈가 주어진다.

전통적인 학교 교실에서 이루어지는 퀴즈와 토론에서는 모든 학습자에게 똑같은 집중과 참여를 요구하지 않는다. 일반 교실에서는 문제의 답을 먼저 알고 대답하는 학습자가 항상 있게 마련이다. 이런 상황은 답을 알지 못하는 나머지 학습자에게 자괴감을 심어 줄 수 있다. 이러한 상황에서는 교사도 모든 학습자의 학습 능력을 제대로 평가할 수 없고 학습자들도 스스로 자신의 상태를 파악할 자기 평가의 기회마저 사라지는 것을 경험한다. 온라인 원격 강의에서는 다음 단계의 학습으로 넘어가기 전에 학습자가 개념을 제대로 이해했는지를 확인하는 것이 요구된다. 결과적으로 개별 학습자는 자신이 무엇을 알고 이해하였는지를 스스로 평가하게 되고 교사는 다시 학습해야 하는 학습 내용을 파악하여 수정보완하고 다시 가르칠 수 있게 된다(Lionarakis, 2012). 무엇보다 중요한 것은 대부분의 MOOC가 지속적인 자기 평가를 핵심 가치로 두고 강의를 설계한다는 점이다.

원격교육에서는 정보를 전달하고 의사소통하는 것을 선택할 수 있는 자유가 있다. 면대면으로 이루어져야 할 의무는 없는 것이다. 근본적으로 열심히 하려고 원하기만 하면 된다. 로드리게즈(2012)는 학습자들의 학습목표, 선행 지식과 기술, 일반적인 흥미에 따라 학습에 참여하는 것이 원격교육의 본질이라고 설명한다. 전통적인 학교

교육 모델에서는 교사들이 학습자가 무엇을 배울 것인지, 언제, 어디서, 어떻게 배울 것인지를 관장하였다. 온라인 교육은 내재적인 학습동기, 자기주도성, 학습자중심 수업이 양질의 교육 핵심이라고 하는 모든 근대 교육학 이론과 연구를 지지하는 이상적 지향점에 보다 가깝다. 물론 처음에는 일부 학습자들에게 어려울 수 있지만 나중에는 보다 심층적인 학습의 결과로 나타날 것이다.

온라인 교육이 나아가는 방향은 교실 전체가 아닌 개별 학습자에게 맞도록 설계된 독립적인 과정이다. 게다가 학습자들은 관심사가 비슷한 다른 사람과 함께 공부할 수 있고 필요하면 언제든 다양한 사람들과 스터디 그룹을 구성할 수 있다. 스터디 그룹을 만드는 것 또한 훨씬 간단하게 할 수 있다. 토론방과 메신저와 같은 MOOC 플랫폼의 자체 도구를 사용해도 되고 자신의 집 밖으로 나가지 않고 사용할 수 있는 이메일, 스카이프, 페이스북 등과 같은 외부 도구를 사용함으로써 보다 쉽게 스터디 그룹을 구성할 수 있다.

MOOC가 학습자의 성실과 헌신을 요구하기는 하지만 최고 수준의 학교와 교수로부터 수준 높은 교육을 받을 기회를 제공하기도 한다. 전 세계 어디에서나 명문 교육기관의 저명한 교수들로부터 가르침을 받을 수 있다는 것은 그야말로 특권이다. 예를 들어 학습자들이 미국의 아이비리그 대학 강의에 직접 참석하려면 엄청난 비용의 수업료를 지불해야 하지만 MOOC에서는 이들 대학의 교수들이 가르치는 강의에 접근하고 선택만 하면 된다.

이러한 형태의 교육은 파파노Pappano도 지적하였듯이 학습과 사회적 네트워킹이 결합함으로써 가능해졌다(Pappano, 2012). 10억 명 이상의 회원을 보유한 페이스북에서 보듯이 온라인 도구를 활용한 사회적 네트워킹은 디지털 세대의 대표적인 의사소통 유형이다(AP, October 23, 2012). 학습자에게 전 세계 어디든 관계없이 동료, 전문가, 멘토와 상호작용이 가능하도록 만들어 주는 것이 바로 인터넷이다.

다양성

많은 학습자는 다른 나라 또는 다른 문화의 사람들과 함께 강의를 수강하는 행운을 누린다. 그러나 어떤 사람에게는 다른 지역에 사는 사람이 지니는 관점과 견해가 혜택이 되지 않거나 행운이 아닐 수도 있다. 이것은 온라인 교육과 함께 나타나는 다른 요소들도 마찬가지이다. 다양성은 교육을 다른 시각으로 바라보는 데 도움을 주는 좋은 수단이다. 누군가 옳다고 생각하는 것도 각자의 문화나 배경에 따라 다를 수 있기 때문이다.

MOOC의 강의 수와 참여자의 수가 증가하고 있다. MOOC 사업자의 하나인 코세라만 보더라도 서비스 시작 1년 만에 사용자 수가 3,110,000명을 넘었다(Coursera, 2013). 다양성은 다음과 같은 필연적인 결과이다. "거대한 규모의 강의 크기와 엄청난 수의 전 세계 학습자들로 인해 강의의 다양성이 급증하고 있다"(Flicker, 2013). 이것은 전 세계 곳곳에서 문화적 배경과 경제적 수준이 다르고 지리적 위치가 다른 학습자들이 MOOC 안에서 자신의 지식, 아이디어, 의견을 적극적으로 공유하고 콘텐츠에 참여하고 있다는 것을 의미한다(Friedman, 2013). 이러한 대규모 강의를 처음 경험하는 학습자들에게는 다소 부담되는 과정일 수도 있지만 교수가 구성해 놓은 콘텐츠와 토론에 일단 한번 들어가서 참여해 보면 학습자들은 동료들이 쏟아내는 다양한 시각에 자신도 모르게 빠져들게 된다.

이와 같은 토론에 참여해 본 한 학습자는 비슷한 지리적 위치가 비슷하거나 경제적 수준이 비슷한 사람들과 토론하였을 때 더욱 가치 있고 흥미로운 경험을 하였다고 토로하였다. 이 학습자는 활동 범위가 국한되고 제한적인 학습 환경에서는 기대할 수 없었던 경험, 즉 같은 주제라도 다양한 관점을 만나보는 기회를 살펴볼 수 있는 혜택을 얻은 것이라 할 수 있다(Friedman, 2013). MOOC 학습 환경에서 학습자는 공동의 목적을 공유하는 학습 커뮤니티의 일원이 될 수 있고 동시에 그 커뮤니티의 다양성으로부터 스스로를 발전시킬 수 있게 된다.

앨러나 클랩Alannah Klapp(2013)은 "MOOCs Open Doors for Diverse Student Body"라는 논문을 통해 MOOC의 최대 장점 중의 하나는 학습자들에게 글로벌 다양성을 제공한다는 것이라고 지적한 바 있다. 수많은 대학교가 학습자의 다양성이야말로 양질의 교육을 제공하는 데 필수적이라고 하는 믿음을 공유하고 있다. 클랩에 따르면 MOOC의 사례로 2U 교수 프로그램이 있는데 여기에는 39개 국가와 미국의 45개 주의 학습자들이 참여하고 있다고 한다. 또한 "다양성은 온라인 교육 경험을 향상시켜주며 2U 플랫폼은 학습자와 교수가 동시에 의견을 공유할 수 있는 환경을 제공한다"라고 언급하였다(Klapp, 2013). 온라인 환경의 이러한 다양성은 학습자들의 토론 능력과 비판적 사고력을 향상시켜줄 것이다. 학습자들은 자신과 다른 경험, 믿음, 관점을 지닌 사람들로부터 더 많이 배우게 되는 것이다.

뉴욕타임즈 기자인 펄햅스 볼머Perhaps Vollmer(2012)는 이러한 특징을 전 세계 학습자가 최상급 교육을 받도록 하는 것이 목표라고 요약하였다. 일부 학습자들은 이미 저명한 교수의 온라인 강의를 충분히 수강한 행운을 가졌을 것이다. 보다 더 좋게는 다른 나라 학습자들과 함께 수업을 등록하는 행운도 가져보았을 것이다. 이러한 유형의 학습은 단지 다른 세계의 관점을 고려해 보았다는 것만으로도 그 교육을 풍부하게 한다. 다양성은 교육의 가치를 높이는 좋은 도구이다. 어떤 사람이 중요하다고 생각하는 것 또는 옳다고 생각하는 것은 각자 개인의 문화와 삶의 경험에 따라 다르다. 배움에 있어 "커뮤니티"란 진정 무엇인지에 관해 다시 한 번 생각해 볼 일이다.

연결주의 학습 이론에서는 학습자가 다른 사람들과의 관계를 통해서 지식을 연계할 수 있는 학습 커뮤니티의 중요성을 매우 강조한다. 이 모델에서는 의견의 다양성이 지식과 기법의 개발을 주도한다(Kop & Hill, 2008). 다양한 사회적 상호작용을 학습과정의 중요한 요소로 보고 있는 연결주의 학습 이론가들의 관점은 이제 새로운 것이 아니다. 레브 비고츠키Lev Vygotsky는 인지적 발달에서 사회적 상호작용의 중요성을 강조하고 있다(McLeod, 2007). 교육학 분야의 가장 영향력 있는 이론 가운데 하나인 비고츠키의 사회적 구성주의 이론은 학습을 학습자가 지식 커뮤니티에 통합되어가는 과정으로 바라본다. 그리고 학습자들은 다른 사람들과의 상호작용하면서 새로운 정보와 개념을 형성하고 조직화하는 데 필요한 도움을 얻는다("Social Constructivism," n.d.). 학습자들은 전 세계 커뮤니티를 통해 지역 커뮤니티에서 얻는 것보다 더 풍부한 가능성을 창출해낸다.

MOOC 환경에서는 참여자의 인원 제한 없는 강의실이 있고, 남녀노소 불문, 지리적 여건, 사회경제적 배경, 교육적 배경에 관계없이 모든 참여자에게 개방된 등록 정책을 가지고 있기 때문에 학습자들은 다양한 사회적 상호작용을 할 수 있는 기회를 훨씬 더 많이 가질 수 있다. 이와 같은 환경은 하나의 개념을 보다 깊이 이해할 수 있는 기회를 제공해 줄뿐만 아니라 작은 규모의 강의에서 얻을 수 있는 것과는 다른 방법으로 정보를 처리할 수 있게 해 준다. 다양한 학습자와 의사소통함으로써 가질 수 있는 이러한 기회를 학습자들에게 제공해 줌으로써 학습자는 스스로 문제를 해결해나갈 수 있게 된다.

비고츠키는 학습의 중요한 과정으로써 자기에게 말하기(self-talk)를 주장하였다. 이것은 학습자들이 자기 안내와 자기 주도라는 형태를 통해서 스스로를 외현화시키는 과정이고 이로 인해 복잡한 문제를 해결하도록 해 주기 때문이다. 자기에게 말하기는 사회적 의사소통과 불가분한 관계를 가지고 있다. 온라인 포럼은 학습자들이 그 자체를 덜 부담스럽게 생각하기 때문에 자기에게 말하기와 사회적 상호작용의 차이를 좁혀주는 연결고리 역할을 할 수 있다. 일부 학습자들은 자신의 아이디어나 의견을 MOOC와 같은 온라인 형태로 공유하는 데 좀 더 편안함을 느낀다. 학습자들은 좀 더 개별적인 학습 방식을 선호하는 경향이 있지만 여전히 다른 학습자들의 의견을 가치있게 생각한다. 이러한 방식은 학습자들에게 자신들이 주제에 대한 심도 있는 토론에 참여하기 위해서 무엇을 학습하였는지를 살펴볼 수 있는 시간적 여유를 제공한다. 나아가 다양한 수준의 학습자들로부터 자신의 아이디어를 보완할 수 있는 견해를 들어보는 기회도 얻을 수 있다. 이러한 기회를 통해 학습자들은 사물을 다르게 보는 방법을 터득하게 되고 신선한 아이디어를 얻을 수 있는 상황에 직면하게 된다.

온라인 학습의 이러한 개별적 학습 방식은 영어를 배우는 학습자들에게 특히 이상적이다. 온라인 학습을 연구하는 블랙몬 Blackmon(2012)에 따르면, 온라인 토론은 영어가 모국어가 아닌 학습자들도 보다 적극적으로 논쟁에 참여하도록 만든다고 한다. 학습자들은 온라인상에서 자신의 생각이나 답변을 게시하기 전에 문법이나 철자를 검토 해 볼 수 있다. 즉 "온라인상에서 텍스트 중심으로 대화할 때는 학습자들이 게시판에 글을 올리기 전에 문장 구조나 단어를 스스로 점검해 볼 수 있다. 이것은 특히 영어를 처음 배우는 사람이나 자신의 문장이나 단어 선택에 자신 없는 사람들에게 큰 위안이 된다" (Blackmon, 2012). 누군가 온라인상에 글을 게시할 때 다른 사람들이 그들의 아이디어는 물론 언어 자체에 대해서도 조언을 줄 수 있다. 이를 통해 영어를 배우는 학습자는 어색함이나 창피함 없이 도움을 받을 수 있다. 이것이 바로 원격교육을 협력의 또 다른 차원으로 승화시키는 요소이다.

MOOC야말로 비판적 사고를 향상시키고 수업 설계 이론을 지원할 수 있는 협동 작업이 가능한 이상적인 환경이다. "온라인 학습자들은 개별적인 관점, 아이디어, 사적 경험을 공유함으로써 협력할 수 있고 결과적으로 보다 고차원적인 사고를 향상시키고 개인적인 만족감을 증진시켜 이해력을 심화할 수 있다" (Young & Bruce, 2011). 노

바사우스이스턴 대학의 컴퓨터교육학과 대학원 조교수인 말타 M. 스나이더Malta M. Snyder 교수는 "성인들의 온라인 학습 커뮤니티 구성을 위한 교수설계 이론"(Instructrional-design theory to guide the creation of online learning communities for adults)이라는 제목의 논문에서 커뮤니티 경험을 지지하는 새로운 교수설계 이론을 제안하였다. 말타 교수는 "성인들의 온라인 학습 커뮤니티 활성화를 위한 교수 설계 이론의 설계 요소들로는 목적, 가치, 방법, 상황이 있다. 이들 요소들은 상호작용하고 협력학습하며 구성주의적이라는 온라인 학습 커뮤니티 프레임워크에 부합한다"고 밝혔다(Snyder, 2009). MOOC에서의 강의 설계는 바로 이러한 상호작용, 협력학습, 구성주의 학습활동에 초점을 맞추어 이루어져야 한다.

아이디어의 공유

아이디어의 공유는 온라인 토론과 같은 온라인 의사소통에서 보다 향상된다. 또한 이러한 방식은 오늘날의 발달된 기술적 환경에도 부합하는 21세기적 학습 기회를 제공한다. 팔롭과 프래트Palloff and Pratt(2012)가 지적한 것처럼 "비디오 게임에서부터 인터넷에 이르기까지 모든 면에서 우리의 젊은 시절은 놀이와 지식의 탐구에 있어 보다 진취적인 방식을 기대하도록 길들여져 왔다." 그러므로 교육 또한 학습자들이 보다 최신의 매력적인 도구를 통해 지식을 구성하도록 적극적인 방식을 제공할 필요가 있다(p. 15). 학습자들이 흥미를 갖고 학습에 참여하여 다른 학습자들과 더불어 지식을 폭넓게 구성할 수 있도록 적극적이고 생동감 있는 교육환경을 제공할 수 있는 능력을 가진 것이 바로 온라인 교육이다.

제4장
풍부한 무료 지식

4장

나날이 증가하고 있는 전 세계 대학의 높은 수업료 부담으로 인해 학습자들은 또 다른 신뢰할만한 교육에 눈을 돌리고 있다. 에드엑스, 유다시티, 코세라 등에 개설된 대규모 온라인 무료 공개 강의들이 어느 곳에서도 제기된 바 없는 이러한 수요를 채워주고 있다.

사람들이 교육에 지속적으로 참여할지 말지를 생각할 때 우선적으로 고려하는 것이 수업료인데 이것은 공부의 지속성을 결정하는 핵심 요인이기도 하다. 학습자는 자신에게 맞는 교육프로그램이 있는지, 학위를 받기까지 얼마의 비용이 드는지를 알아보기 위해 여러 대학의 웹사이트나 안내 책자를 찾아본다. 콜로위치Kolowich(2013)가 언급한 바와 같이 MOOC의 목적은 더 많은 지원과 무료 또는 최소의 비용으로 학습자가 강의에 등록할 수 있게 하는 것이다. 콜로위치는 학습자들이 MOOC를 수강함으로써 이러한 해결책이 가능하다고 확신한다. 이것은 중도탈락이나 자신의 내신성적(Grade Point

Average, GPA)이나 수업료에 대한 걱정 없이 자유롭게 온라인 강의를 수강하는 방법이다.

> 대학 사회가 급격하게 변화하고 있다는 것을 아직 잘 모르겠지만 지난 몇 개월은 태풍이 지나간듯한 시기였다. 올해 초 스탠포드 대학의 몇몇 유명한 교수들이 대학을 그만두고 영리목적의 MOOC 회사를 두 개 설립하였다. 1월에 유다시티가 탄생하였고, 두 달 후에 코세라가 등장하였다. 컴퓨터과학과 연구교수인 세바스찬 스런 교수는 인공지능 과목을 무료 온라인 강의로 개설하였는데 전 세계 160,000명의 학습자들이 참여하였다. 스런 교수는 학습자들이 단순히 교수로부터 문제를 어떻게 풀이하는지 설명을 듣고 있는 것이 아니라 문제를 직접 물어보는 과정에서 학습을 하게 되는 MOOC 모델을 개발하기 위해 유다시티를 공동으로 설립하였다고 말했다(Mangan, 2012).

학습자들은 대학 강의를 무료로 수강할 수 있다. 수강을 완료하면 일부 MOOC 프로그램에서는 학습자가 본 과정을 요건대로 수료하였다는 배지나 증명서를 발급하기도 한다. 이 증명서는 취업할 때 지식수준과 계속 학습의 증빙 자료로 활용될 수 있다. 이들 학습에는 시험이나 퀴즈도 물론 포함되어 있지만 대부분의 학습에서는 같은 강의를 듣는 다른 학습자들과 함께 온라인 토론과 지역기반 스터디 그룹을 통해서 학습 역량을 향상시킬 수 있도록 구성되어 있다. MOOC는 인터넷이 연결된 사람이라면 누구나 접근이 가능하기 때문에 하나의 강의에 어떻게 전 세계 수천 명의 학습자가 참여하였는지를 쉽게 확인할 수 있다.

이러한 강의에 등록해 본 학습자가 많아지면서 교육 기회는 늘리면서 수강료는 줄일 수 있는 무료 온라인 강의가 교육 예산이 삭감된 어느 교육기관의 또 다른 대안이 될 수 있다.

> 직업 능력의 근거를 제시하지 않더라도 온라인 강의는 고등교육 예산이 줄어든 주 정부입장에서 볼 때 교육 접근성을 높이면서 수업료는 줄이는 또 다른 전략으로 제공될 수 있다. 베인앤드컴퍼니(Bain & Company)에서 7월에 발표한 조사 내용을 보면 미국 대학의 3분의 1이 재정적으로 불안정한 것으로 나타났다. 온라인 강의의 확대는 비용을 절감하는 핵심이다(Mangan, 2012).

온라인 강의 확대를 미국에서 교육비용을 절감하는 새로운 아이디어 중 하나라고 본다면 이로 인해 전 세계적으로 무슨 일이 일어날

지, 고등교육에 지출할 돈이 없는 사람들에게는 어떤 혜택이 될 수 있을지를 상상해 보자. 이것이 교육적 측면에서 세계를 성장시키는 데 도움이 될 것이라는 물음에 답이 될 수 있을까? 이것이 흔히 말하는 MOOC 패러다임의 궁극적 목표이다. "인터넷만 있으면 누구나 모두에게 세계 수준의 교육을 무료로 제공한다는 그 목표는 과거에도 지금도 칭송할만한 일이다"(Snyder, 2012).

무료 온라인 교육이라는 아이디어가 세계 곳곳에서 떠오르고 있다. 그리고 점차 배우고 싶어 하는 모든 사람들을 향해 접근이 가능하고 학습이 가능하도록 퍼지고 있다.

> 무료로 접근 가능하고 인터넷으로 제공되며 이해하기 쉬운 대학의 강의 자료들이 공개 코스웨어로 이미 서비스되고 있다. 웹으로 제공되는 강의계획서, 공개적으로 접근 가능한 링크 주소가 포함된 논문 목록들, 강의 노트, 비디오/오디오 강의와 오디오 설명이 포함된 슬라이드 자료, 아울러 에세이 평가, 문제풀이집, 기출문제, 읽을거리 등이 자기주도 학습자, 기존 학습자, 전 세계 청년사업가들에게 제공되어 지금도 활용되고 있다(Pollak, 2008).

전 세계 최상급 대학들이 이와 같은 무료 대학 강의들을 공개하기 시작하였다. MOOC의 일부 과목은 세계 유수 대학 교수들이 제공한 무료 강의들이고, 이미 250만 명 이상의 전 세계 학습자가 등록하였다. 잰Zahn(2013)의 연구에 따르면, "여러분은 아마도 진정 어느 대학을 가고 싶어 하는지 잘 모를 수 있다. 풍부한 MOOC 강의들은 미국의 최고 대학에서 제공되는 강의와 교수진을 바로 접할 수 있게 해준다. 입학 원서를 작성하느라 시간을 할애하고 수업료를 지불하기 전에 관심 있는 강의들을 즐길 수 있다면 얼마나 근사한 일이겠는가?" 수업료 걱정이 없으면 사람들은 온라인 강의에서 잃을 것은 전혀 없으면서 얻어갈 것만 많기 때문에 자신의 지식을 확장하기 위해서 온라인 강의에 등록하는 것을 더욱 선호한다.

지난 10월 미국의 UC 버클리 대학은 교과목 강의 전체를 무료 공개하는 유튜브 페이지를 개설하였다. 유사한 방식으로 미국 텍사스 휴스턴의 라이스 대학교는 대학 지원으로 고품질의 공개 교육 자료를 동시에 개발하고 역동적인 동료 평가에 따라 장학금까지 제공하는 새로운 모델로써 Connexions이라는 프로그램을 시작하였다. 이러한 글로벌 선도 대학들은 수업의 실제 사례를 본보기로 제공해주고 교내외 학습자들에게 보다 유연한 학습 경험을 제공하며 나아가 교육기관의 사기 진작으로서 새로운 동력을 제공하기 위해서 온라인 강의 공개를 적극적으로 추진하고 있다(Pollak, 2008).

무료 교육의 기회가 대폭 확대된다면 재정적으로 경제에 해로울 것인가? 분야별로 요구되는 충분한 지식을 갖춘 "교육받은 사람들"이 폭발적으로 증가하여 구직 시장이 활성화될 수 있다. 또한 이전에는 값비싼 교육비 때문에 엄두를 내지 못했던 새로운 분야의 직업을 가질 기회도 증가할 것이다. 새로운 직업들은 이러한 온라인 무료 강의를 기반으로 창출될 것이다. 늘어난 직업 기술과 함께 직장인들의 업무 수행 역량도 보다 향상될 것이다.

무료로 교육을 받을 수 있는 기회는 회사의 경영자 입장에서도 보다 우수한 인재를 채용하는 방법일 수 있다. 궁극적으로는 온라인 무료 강의를 제공함으로써 전문적인 지식과 고품질의 무료 교육의 종류는 증가하면서도 실업 상태이거나 능력보다 낮은 수준의 일을 하는 사람들은 감소하는 것을 확인할 수 있게 될 것이다. 이것은 고품질의 무료 교육이 실업자와 구직자가 보다 나은 직업을 찾을 수 있는 잠재력을 제공해 주기 때문이다. 또한 고비용의 고등교육 수업료 때문에 학습 동기가 저하되었던 사람들도 개선되고 나아지는 것을 보게 될 것이다. 사람들이 학교 가는 것을 선택할 수 있다면 학습 동기는 월등히 증가할 것이다. 심지어 무료로 학교에 갈 수 있다면 학점을 취득하는 데 필요한 등록금을 벌기 위해 일을 하기보다는 강의를 수강하고 공부하는 데 더 많은 시간을 투자할 수 있을 것이다.

국가 경제 측면에서 볼 때 무료 고등교육이 가지는 혜택은 학교에 다니는 16~24세 인구의 증가인데 이는 노동 시장에 혁신적인 변화를 가져올 수 있다. 미국의 경우 2007년부터 K-12 공교육에서 시작한 STEM 교육운동이 가속화되고 있다. 이것은 미국이 세계 경제의 경쟁력을 지속하기 위해서 젊은이들에게 과학, 기술, 공학, 수학에 대한 지속적인 교육을 강화해야 한다는 것이다. 더욱이 해당 연령대의 젊은이들이 학위를 마치기 위해 대학으로 대거 복귀한다면 대략 2백만 개의 일자리가 실업자들을 위해 생겨나는 것이다(Samuels, 2011). 결과적으로 실업률의 저하는 국가 경제에 직접적 영향을 미친다.

국가의 경제적 관점에서 미국의 공교육을 살펴보자. "현재 대학에 진학한 미국인의 30%만이 대학을 졸업하고 있는데 이것은 심각한 시간과 비용의 낭비이다"(Samuels, 2011). 대학 학습자가 4년 내에 졸업하기 위해서는 시간제 아르바이트를 하면서 어렵게 공부를 병행하거나 장래에 엄청난 대출금을 감당할 각오를 해야 한다. 결과적으로 학위 취득까지 5~6년이 걸리는데 물론 대출금도 그만큼 더 늘어난다.

> 공개 학위 취득은 실제로 "학위"라는 새로운 신뢰성을 제공해 주었고 동시에 고등교육의 참여를 확대시켜주었다. 지금까지의 학위는 단순히 그만큼 비용을 지불하였고, 공부하였고, 취업할 자격이 있음을 나타내는 증명서였다면 공개 학위는 어느 대학을 나왔든 얼마 만에 졸업을 하였든 관계없이 학습자 개개인들의 지식과 학습 역량을 가늠하는 보다 객관적인 기준이 될 수 있다(Pollak, 2008).

머레이Murray(2012)에 의하면 고등교육을 수강하는 데 소요되는 비용문제를 해결하고 교육 수혜 기회가 적은 사람들을 지원하고 도와주기 위한 시스템으로 FLOSS(free/libre and open source software)

가 사용되어왔다. MOOC 학습자들은 고비용부터 저비용 또는 무료까지 교육자들이 다양한 수준으로 설계한 강의를 자신의 대학 학습과정 완료 목적에 맞게 선택하여 수강할 수 있다. 일부 강의에서는 공인된 수료증을 발급받기 위해 비용을 지불하여야 한다. 하지만 일련의 과정을 마쳤다는 공인된 증명서를 발급하는 데 학습자들이 비용을 지불하여야 하는지에 대해서는 여전히 논란의 여지가 있다. MOOC와 관련하여 머레이(2012)는 "일찍이 2002년에 FLOSS를 도입한 미국의 MIT 대학은 모든 교육 자료를 온라인에 공개하여 세계 어디서든 누구나 무료로 사용할 수 있도록 하고 있다"라고 설명한다. 이것은 교육자금을 가지고 고민하는 중소 소득 국가에는 그야말로 커다란 혜택이 아닐 수 없다. 바로 이 점이 가장 큰 수요라고 할 수 있다. 이러한 문제를 언급하기 위해서 공개적 접근 모델인 무료 교육 제공은 커다란 혜택이 될 것이다. 모든 사람에게 무료로 제공되는 MOOC를 만들어 가는 과정에 무엇이 도움을 줄 것인가? 이에 대해 루스Ruth(2012)는 "온라인 강의는 인력과 관리비용을 절감하여 제공하므로 수강료를 줄일 수 있다. 온라인으로 강의를 제공함으로써 공간 유지에 필요한 여러 가지 비용을 감소시킬 수 있고 오로지 강사료와 온라인 교육과정 개발에 더 많이 투자할 수 있다"라고 설명하였다.

MOOC는 모든 참여자에게 무료이다. 학습자들은 보통 수료증을 받을 뿐 대학 학점을 취득하지는 않는다. 그러나 일부 MOOC는 학위 취득이 가능하도록 학점을 결합하고 있다. 학습자들이 보다 많은 지식을 습득하도록 자율권을 부여하고 그럼으로써 보다 많은 학습 기회를 가질 수 있도록 이끄는 것이 교육의 목적이다. MOOC를 통한 온라인 교육은 다양한 직무 능력을 습득하도록 해 주고 직장에서도 성공적으로 일할 수 있게 해 준다. 이러한 형태의 교육은 평등한 세상으로의 지름길이다. 삶과 업무의 현장에 차이를 없애고 같은 수준으로 공평하게 만드는 방법은 이 세상에서 배움의 과정에 참여하고자 하는 누구에게나 우수한 자격을 갖춘 교수의 교육을 무료로 제공하는 것이다.

MOOC의 목적과 혜택 중의 하나는 강의가 무료라는 점이다. 고등교육의 비용이 증가하면서 점점 더 소수의 사람만이 높은 수준의 교육을 받고 있는 것은 분명한 사실이다. 누구나 공부를 하기 위해서는 학교에 가는 일 외에 다른 대안이 없었다. 이런 상황에서 사람들은 자신의 능력을 판단하는 것이 아니라 재정적인 상황에 따라 평가된다. 만일 무료로 온라인 강의를 수강하고 학위를 취득하는 기회가 더 많이 주어진다면 사람들은 지금까지 자신이 기회조차 가질 수 없었던 수준 높은 교육을 달성하기 위해 기꺼이 시간과 노력을 기울일 것이다.

지난 30여 년간 급격하게 대학 등록금이 상승함에 따라 급기야 오늘날의 학습자들은 수업료 때문에 학업을 포기해야 할지를 심각하게 고민해야만 하는 지점에 이르고 있다. 졸업한 선배들이 취업하기 위해서는 학위가 필요하다고 말할 때 이러한 고민에 처한 학습자들은 언제까지 학업을 계속할 수 있을까? 하지만 2011년의 경우 학위를 취득한 후에도 졸업생의 거의 54%가 취업을 못하였거나 자신의 수준보다 낮은 일을 하는 것으로 나타났다(Yen, 2012). 무료 교육을 제공하는 것은 상대적으로 대중에게 매력적으로 보일 것이다. 2012년 미국의 톰 호킨Tom Hawken 상원의원의 이메일 성명에 포함된 그래프에 따르면 지난 35년간 미국 대학 수업료가 1,120%나 증가했다고 한다(Jamrisko & Kolet, 2012).

2011년 기준 미국 대학생의 85%가 전일제 학습자였다. 미국 노동통계청에 따르면 이 가운데 남자 학습자의 53.5%와 여자 학습자의 50%가 직장에서 일한 경험이 있으며, 나머지 10.7% 학습자만이 취업 경력이 없는 것으로 나타났다(BLS, 2011). 이와 같은 통계로 볼 때 미국의 고등학교 졸업자들은 대학 재학 중 일을 병행할 각오를 해야 할 것으로 보이며, 그렇지 않으면 대학을 마칠 때 상당한 대출 부담을 감수해야 할 것이다. 따라서 대학을 선택할 때 등록금과 수업료는 분명히 결정적인 요소가 될 것이다.

MOOC의 등장으로 인해 대학들이 수업료를 낮출 것인지 아니면 무료 온라인 강의로 빠져나간 학습자에 대한 보상으로 수업료를 올릴 것인지는 아직 알 수 없다. 무료로 제공되는 MOOC로 학습자가

몰려가는 것을 보면서 대학들이 진정 깨달아야만 하는 것은 왜 이러한 강의들에 사람들이 몰리는지에 대한 전반적인 분석일 것이다. 학습자들은 그저그런 월급이 주어지는 직장을 유지하기 위해서 필요한 교육을 더 이상 받을 여유가 없다. 결국은 너무 많은 일을 해야 하는 상황에 처하거나 궁극적으로 무한경쟁에서 살아남기 위해 에너지를 소진한다. 살기 위해서 교육을 선택하느냐 직장을 선택하느냐를 결정해야 한다면 대부분은 후자를 선택해야만 한다.

현재의 MOOC 모델이 표방하고 있듯이 MOOC 운영시스템의 주된 수입원은 지식을 배우든 기술을 배우든 일련의 교육과정을 완료하고 받을 수 있는 수료증을 발급하는 것이다. 최근 대학 졸업자들이 자신들의 지식과 기술을 충분히 사용할 수 없는 직업에서 일하고 있을 때 무료든 유료든 지속적으로 교육을 더 받는다면 경영진들이 원하는 인재로 발탁될 가능성이 훨씬 높아질 것이다. 신생 MOOC 회사인 코세라는 이미 학습자의 자료와 취득 점수 등을 유료로 경영진들에게 제공하고 있다(Young, 2012). 많은 회사가 학위도 아닌 단지 기술 증명과 수료증만으로 유망한 직원을 채용할 것인지, 또 이런 자료를 위해 투자할 것인지는 지켜 볼 일이다.

2001년 바이너와 에거튼Bynner & Egerton이 발표한 연구에 따르면 남녀 모두 교육을 많이 받은 사람일수록 더 건강한 것으로 나타났다. 이들 두 가지 요소는 상호 보완적이라는 것을 명심하는 것이 중요하다(Bynner & Egerton, 2001). 구체적으로 경제적 형편이 좋은 환경의 사람은 그렇지 못한 사람보다 더 건강할 가능성이 높고 돈도 더 벌 수 있고 대학에 진학해서 공부도 더 많이 할 가능성이 크다. 누구에게나 무료로 고품질의 교육을 받을 수 있도록 제공하는 MOOC의 능력은 보다 나은 삶을 누릴 수 있도록 갈구하는 사람들에게 진정한 혜택이 될 것이다.

제5장
풀어야 할 과대광고

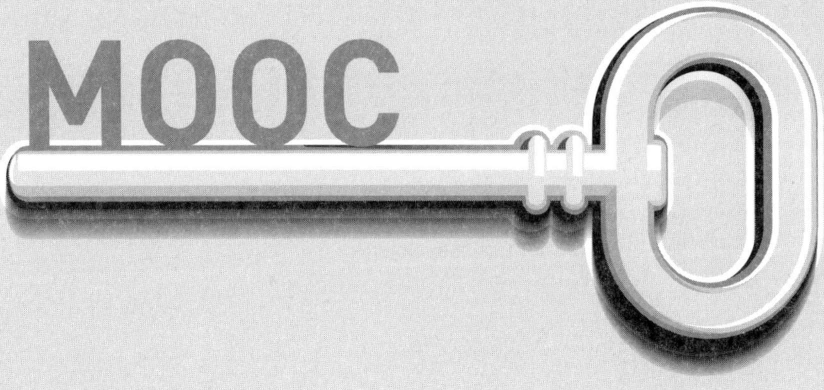

5장

가파른 수업료 인상으로 인해 MOOC가 대중적으로 확산되는 것은 결코 놀라운 일이 아니다. MOOC의 확산은 고등교육이 안고 있는 여러 가지 문제에 대한 해답이다. 고등교육의 가치에 대해 커지는 의구심에 대응하기 위해서 매우 필요한 변화의 상징인 것이다. MOOC는 미국 아이비리그 대학에서 학습할 수 있도록 선택된 소수의 학습자들이면서 돈을 지불할 능력이 있는 학습자들에만 제공되었던 세계 최상급 수준의 교육을 받을 수 있는 가능성을 제공한다(Snyder, 2012). MOOC는 아이비리그로부터 시작되었지만 지금은 많은 수의 MOOC에 다른 대학들이 참여하고 있고 심지어 커뮤니티 칼라지까지 참여하고 있다. 지식이 어디에서 나오든 상관없이 MOOC는 인터넷이 연결되고 학습하기를 희망하는 모두에게 이러한 지식을 무료로 제공한다. MOOC가 대중에게 이러한 지식을 제공하는 것은 분명하지만 실제로 학습이 되는지는 보장할 수 없다. 온라인 형태로부터 얻을 수 있는 교육의 품질이 무엇인지를 제대로 이해하기 위해서는 온라인 학습의 효과성에 대한 많은 논쟁과 향후 연구가 요구된다.

수업의 구성 방식

대부분 MOOC의 구성 방식은 학습의 이해 여부를 점검할 수 있는 퀴즈가 포함된 짧은 동영상 강의들이다. 보통의 대학 강의와 비교할 때 별로 다르지 않다. 이들 동영상 강의들은 여전히 "수동적인 일방향의 수업 모델"로서 기존에 이미 있는 내용을 반복 재생할 수 있다는 점이 다를 뿐이다(Meyer, 2010). 중간에 삽입된 퀴즈의 장점은 다음 단계로 이동하기 전에 학습자 스스로 이해했는지를 평가해 볼 수 있다는 것이고, 기존 강의실에서는 선택할 수 없는 것이었다. 강의 구성 방식은 면대면 교실과 MOOC 모두 유사하지만 오히려 면대면 학습 환경에서 가능할 수 있는 수업의 차이점을 놓치고 있다. 미국 교육부 조사에 따르면 "동영상 강의나 온라인 퀴즈 같은 요소는 온라인 강의에서 학습자들이 학습하는 분량에 영향을 주지 않는 것으로 나타났다"(Means et al., 2012). 학습자들은 자신의 속도에 맞춰 동영상을 시청할 수 있고 잘 이해하지 못한 부분을 다시 볼 수도 있지만 학습자들은 이 과정에서 동영상을 빨리 재생하거나 대충 지나

치거나 심지어 건너뛰는 것 또한 가능하기 때문에 결과적으로 중요한 내용을 놓칠 수도 있다. 퀴즈 역시 학습자 스스로 이해한 정도를 점검할 수 있도록 강의 전반에 걸쳐 배치되어 있지만 답이 틀리더라도 벌칙이 있는 것은 아니다. 학습자들은 중요한 내용을 제대로 파악하지 못한 채 추측하거나 단순히 체크하거나 무심코 다음 단계로 이동할 수도 있다.

일부 사람들은 인터넷이 출판 분야나 언론 매체에서 역할을 한 것처럼 교육 영역에도 그러할 것이라고 예상한다. 미국 UCLA 대학교 철학과 교수인 파멜라 히에로나이미Pamela Hieronymi(2012)는 이러한 단순 비교는 매우 신중해야 한다고 지적한다. "교육은 아이디어나 정보의 전달로 그치는 것이 아니라 아이디어나 정보를 제대로 활용하도록 만드는 데 필요한 훈련"이기 때문이다. 오늘날과 같은 정보 과잉의 시대에는 정보의 홍수에 효과적이고 효율적으로 대응할 수 있는 능력이 점점 더 중요해지고 있다. 컴퓨터와 인터넷이 실로 놀라운 기술이기는 하지만 교사가 개별적으로 파악하고 있는 학습자들을 대할 때 보여주는 통찰력은 결코 따라올 수 없다. 팟캐스트를 시청하고 동료들과 함께 온라인 토론에 참여하는 일은 교사가 직관적인 질문, 참여, 도전을 통해서 학습자들에게 새로운 개념에 대해 알게 하고 보다 분명하게 이해하도록 이끌어내는 것과는 결코 같을 수 없다. "현실에서 한 사람의 마음이 다른 사람의 마음을 사로잡는 것, 즉 다른 사람의 생각과 표현에 대해 들어보기, 이해하기, 교정하기, 모델링하기, 제안하기, 재촉하기, 거부하기, 지지하기, 비판하기"는 온라인 교육 모델의 세련됨과 단순히 비교할 수 없는 것이다(Hieronymi, 2012). 온라인 학습의 보조 수단으로 활용되는 기술은 교육의 품질을 개선할 수도 있겠지만 온라인 강의들이 연구 결과에 근거하여 우수 사례로 구현되도록 설계되지 않는다면 그 결과는 학문적 수준 저하는 물론 깊이 있는 학문적 이해에 대해 대규모적인 공개적 기근을 초래할 수 있다.

학습 가이드

학습이란 일정 수준의 지식을 갖춘 가이드가 필요한 과정임을 상기할 필요가 있다. 가이드의 역할은 학습자가 보다 온전히 학습할 수 있도록 정보의 조직화, 관련된 주제 탐색, 심층적 이해에 도움을 주는 것이다. 온라인 교육은 잘 설계된 학습과정에 따라 사람들이 지식과 이해를 구성해 가는 것이어야만 한다. 사람들은 자신들을 안내하고 이끌어줄 가이드 없이 스스로 계획하고 조직화하고 문제를 해결하고 필요한 도구들을 찾아야 한다. 온라인으로 성공적인 학습을 한다는 것은 "학습 동기, 주도권, 자신감"을 필요로 하는 독립적인 학습

과정이다(Kop, 2011). 물론 서로가 서로를 가르칠 수 있는 다수의 개인들이 있기는 하지만 학습자 스스로 이러한 역량을 가지고 있지 않으면 매우 힘든 학습 시간이 될 것이다.

MOOC는 수강생이 수천 명에 달하는 초대형 강의이기 때문에 동료 학습자 중에서 학습 가이드를 찾게 된다. 동료 학습이 장점을 가지기는 하지만 크리슈너Kirshner(2012)는 다음과 같이 지적하였다. "동료 학습에는 한계가 있다. 어느 시점에 누군가는 해당 과목에 대해 알고 있어야 한다." 학습자들은 교수를 대부분 동영상 강의에서만 볼 수 있으므로 MOOC 학습에서 중요한 질문을 해결해 줄 가이드가 거의 없이 종종 방치된 상태로 존재한다. MOOC의 중도 탈락률은 90%에 달하고 있다. 그 이유는 학습 진도가 너무 빨라 평균 수준의 학습자는 따라가지 못하였기 때문이다(Thrun, 2012). 면대면 강의실에서는 학습자들이 교수에게 질문을 통해 궁금한 점을 해소할 수 있는 반면 MOOC에서는 질문 자체가 무시되거나 부정확한 답변을 얻기 쉽다. 그러므로 학습자들은 질문이 생기는 초기에 이를 해결할 수 있는 방안을 모르고 구체적인 방안을 찾지 못해서 학습 진도에 혼란이 발생하기도 한다.

동료 평가의 효과성

수천 명 규모의 MOOC 강의에서는 평가를 수행하는 일도 만만치 않다. 선다형이나 진위형(OX형) 문제를 컴퓨터로 처리하는 것은 놀라운 일도 아니고 의문의 여지도 없다. 관건은 학습자들이 작성한 주관식 문제나 에세이 작문을 평가할 경우이다. MOOC에서 이러한 문제를 해결하기 위한 하나의 방법은 동료 평가나 크라우드소스Crowd Source 평가를 활용하는 것이다. 즉 주관식 문제나 에세이를 다수의 동료 학습자가 평가하고 이들의 평균 점수를 부여하는 것이다. 이 방법은 새로운 것이 아니고 이미 여러 가지 실천 방안에 대한 연구가 있었다. 하버드-스미소니언 천체물리센터 과학교육과의 필립 새들러Philip Sadler와 수석교사인 에디 굿Eddie Good(2006)이 실시한 연구에 따르면, 평가자 7명 정도가 참여하여야 교사가 논리적으로 평가한 것과 유사하게 평가할 수 있는 것으로 나타났다. 이들의 논문은 동료 평가가 교사 평가와 유사하나 실제 적용에는 세심한 주의가 필요하다고 결론지으며 "잘못 적용하면 평가 결과가 신뢰할 수 없게 엉터리로 나올 수 있고 학습자에게도 아무런 가치가 없는 일이 될 수 있다"라고 지적하였다(Sadler & Good, 2006). 또 다른 연구에서 워싱턴 대학교의 생물학과 두 교수는 학습자들이 준 점수가 교사의 점수보다 25% 정도 후하다는 것을 확인하였다. 이러한 연구에도 불구하고 많은 저자는 동료 평가가 학습자들이 참여하는 과정 자체에서 학습을 향상시키는 역할을 하기 때문에 권장할만한 일이라고 주장한다(Morrison, 2012). 학습자들이 다른 동료의 학습을 검토할 수 있고 또 그들이 어떻게 쓰고 생각하는지를 살펴볼 수 있어서 혜택이 있다는 주장에 반론을 제기하기는 쉽지 않다. 학습자들에게 이러한 방식의 검토 기회를 주는 것은 교사의 수고를 덜어줄 뿐만 아니라 학습자들도 자신의 강점과 약점을 파악하는 데 도움이 된다(Watters, 2012).

새들러와 굿의 연구처럼 30명 규모의 학급에서는 동료 평가 시스템을 운영하고 모니터링하는 일은 가능하다. 하지만 인터넷으로 수천 명 또는 수만 명이 모이는 한 강의에서 이러한 시스템을 적용하는 일은 또 다른 차원의 일이다. 오클라호마 대학교의 인문과 신화 분야 교수인 로라 깁스Laura Gibbs는 코세라에서 공상과학소설 강의를 진행하면서 동료 평가를 적용하였던 경험을 설명한 바 있다. 5,000명이 넘는 강의에서 나온 평가결과를 보니 에세이 자체보다 더 길게 작성한 "매우 열성적인" 피드백에서부터 전혀 관심이 없는 듯이 단순히 "잘했어요"라는 피드백에 이르기까지 그 범위가 워낙 다양하다는 것을 지적하였다(Watters, 2012). 이 정도 규모의 글로벌 강의에서는 다른 학습자들을 평가해 본 경험이 거의 없는 학습자들이 있다는 것은 불가피한 현실이다. 강의에서 이러한 평가 능력을 향상시키도록 보완되지 않는다면 학습자들이 받는 피드백은 학습자들의 학습 경험에

도 부정적 영향을 끼칠 수 있다. 다른 걸림돌은 MOOC의 대규모 강의에는 학습자들이 모국어가 영어가 아니거나 심지어 영어를 전혀 못하는 학습자들도 상당수 있을 것이라는 점이다. 이러한 학습자들이 동료 평가 시스템에서 어떻게 동료 평가를 제대로 할 수 있겠는가?

동료 평가를 운영하는 데 있어서 또 다른 문제가 발생할 수 있다. 즉 평가의견으로 받은 피드백에 대해 답변을 제시하는 능력이 부족하다는 것이다. 학습자들의 개인정보 보호 차원에서 누구를 평가하는지도 모를 뿐 아니라 누가 평가하였는지도 알 수 없도록 하고 있기 때문이다. 평가 의견을 피드백으로 받는 혜택 중의 하나는 피드백에 대한 궁금한 사항을 추가로 물어보거나 그 피드백에 대해 심층 토론도 할 수 있다는 점이다. 교사로부터 장문의 의견과 평가가 포함된 점수를 받았는데 무슨 의미인지 이해가 되지 않는 내용이 있어도 교사에게 문의할 수 없다고 상상해 보라. 피드백을 준 사람을 알면 그 평가자의 전문분야 및 강점과 약점을 감안하여 피드백의 가치를 다시 추정해 볼 수 있다. 평가의 익명성은 불성실한 의견으로 인해 강의에 지장을 줄 수 있고, 오히려 역효과를 불러일으킬 수도 있다 (Watters, 2012).

서로 잘 알고 있는 작은 규모의 강의에서 동료 평가를 실시하는 것은 구성원 간의 커뮤니티 역량을 높여 주어 피드백 또한 개별적으로 제공되고 건설적이 된다. 이것은 다양한 배경과 서로 다른 지적 수준을 가진 수천 명의 타인들 속에서 이루어지는 동료 평가와는 전혀 다른 모습이다. 포럼과 같은 토론 그룹에 참여하는 것이 필수적이지도 않고 참여하더라도 매우 드물게 이루어지는 상황에서 동료들이 참여하는 커뮤니티를 구성하는 것이 가능할까라는 의문이 생긴다. 동질감이라고는 같은 강의를 수강하고 있다는 사실 말고는 없고 공동체 의식이나 상호 배려가 거의 없는 학습자들 사이에서 과연 동료 평가에 의한 피드백이 가능할까? 이에 대한 답으로 파멜라 히에로나이미가 다음과 같은 실제 상황에 대해 요약해서 설명한 바 있다.

> 아무리 훌륭한 교육자 역할을 하는 컴퓨터 프로그램이라 할지라도 개별 학습자의 마음속에 무슨 생각이 들어

있는지 알아낼 수 없음을 알면서도 시간이 지나면 학습자들 스스로가 서로 무언가 교육적인 대화를 찾게 되지 않을까 기대하며 사실상 방치하고 있다. 어쩌면 실제로 설득력 있는 토론에 참여하여 사회, 정치, 문화에 관한 논리 정연한 중요한 통찰력을 발전시키고 복잡한 아이디어를 표현해 볼 수도 있을 것이다.

이러한 방식으로는 결코 수천 명의 학습자들을 제대로 평가할 수 없고 타당한 해결책이 될 수도 없다.

MOOC 학습자들의 의지와 준비 수준

MOOC의 또 다른 중요한 요소는 학습자들이 매주 학습내용을 논의하는 토론이다. 동영상 강의와 퀴즈 이외에도 학습자들은 개방형 질문지를 가지고 토론할 수 있는 온라인 토론에 참여한다. 이것은 자신이 배운 내용을 확인하고 다른 학습자들과 협력 활동을 경험하는 과정으로써 매우 건설적인 학습 방법이다. 많은 연구에서 밝혀진 바와 같이 학습자가 실제와 같이 참여한다고 인지한다는 것은 "온라인 강의에 대한 학습자의 만족도가 증가하고 학습내용에 대한 심층적인 이해가 향상된다"는 결과로 나타난다(Pallof & Pratt, 2007, p. 12).

강의에 포함되어 있는 온라인 대화방에서 동시적으로 대화에 참여하는 학습자들은 실시간으로 다른 사람들의 생각을 읽고 공유할 수 있기 때문에 거의 실제와 같은 소속감을 가질 수 있다. 하지만 대화방은 보통 규모의 강의에서도 금방 소란스러워질 수 있는데 심지어 MOOC에서 이런 토론방은 바로 혼란 상태가 될 수 있다. MOOC는 거대한 규모로 운영되기 때문에 토론을 감독하는 일도 제한적일 수밖에 없다. 또한 MOOC의 개방성은 역설적으로 "부적절한 행위에 취약"하게 만든다. 특히 금전적 부담도 전혀 없기 때문에 더욱 그러하다(Educause, 2011).

MOOC 참여자들의 준비 수준 또한 고려되어야 한다. MOOC에 들어오는 학습자들은 교육적 배경 지식과 학습 동기 등을 포함하여 그 수준이 매우 다양하다. MOOC는 어떠한 전제 조건 없이 대중에게 개방되어 있기 때문에 다양한 배경과 준비 수준을 가진 광범위한 사람들이 같은 과정에 참여할 수 있다. 물론 전통적인 강의실에서도 준비 수준은 폭넓을 수 있지만 MOOC와 비교하면 그 범위는 훨씬 좁혀진다. 이것은 대부분의 대학 강의들이 선수 과목 이수를 요구하기 때문이다. 또한 대학 강의들은 비용을 지불해야 하기 때문에 대다수 학습자들은 공부에 집중할 수밖에 없다.

품질 추구하기

학습자가 MOOC를 통해서 얻게 되는 교육의 품질에 대해서는 많은 질문이 산재해 있다. 수십만 명 규모의 강의로 이루어진 MOOC 모델이 과연 세계 수준의 교육을 실천할 수 있을 것인지, 전통적인 강의실의 교육적 효과와 비교될 수 있을 것인지에 대해 MOOC 연구가 더 이루어져야 할 것이다. 강의 규모가 이 정도 대규모로 커지면 고려해야 할 중요한 문제들이 발생한다. 바로 교수의 효율성 문제이다. 즉 이러한 다양한 변수 속에서 학습자들의 학습 여부를 평가할 수 있는 상당히 정확한 방법이 있기는 한 것인가? 학습자들의 학습과정에 충분히 참여하여 학습을 이끌어 줄 가이드의 도움이 절실히 필요한 지점이다.

제6장

학문적 윤리의 실천

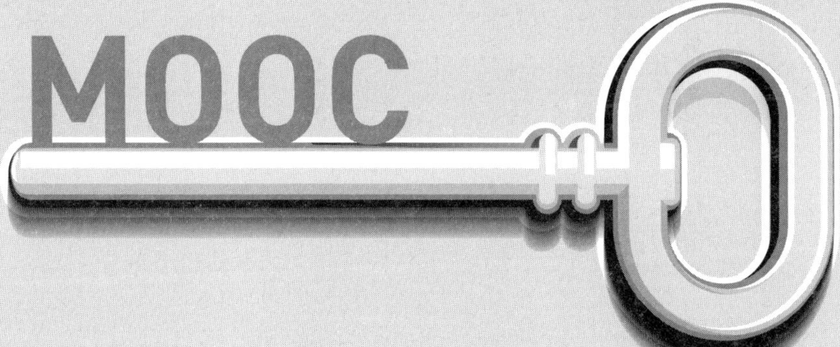

6장

MOOC의 장점 중 하나는 다양한 강의가 많은 학습자에게 제공된다는 사실이다. 이러한 다양성은 학습자들에게 자신이 원하는 여러 강의를 들을 수 있는 선택권을 넓혀준다. 한 MOOC 강의에 전 세계에서 160,000명 이상이 모이기도 한다. 그러나 이러한 장점은 곧 단점이 될 수도 있다. 학습자들은 과제를 쉽게 표절하고 부정행위 유혹에 항상 노출되어 있기 때문이다. 미국 헤르키머 카운티 커뮤니티 칼리지의 스벤 트렌홈Sven Trenholm(2007)은 자신의 "비동기 온라인 강의에서의 부정행위(Cheating in Fully Asynchronous Online Course)" 라는 논문에서 "감독이 없는 온라인 학습에서의 학문적인 정직성은 매우 흥미로운 주제" 임을 강조하고 있다. 이와 같은 강의에서는 비록 학점이 없더라도 학습자들은 적은 노력으로 강의를 수료할 수 있는 부정행위에 관심을 기울이게 된다. MOOC와 같은 온라인 강의에서는 "강의를 수강하는 사람과 시험을 치른 사람이 과연 동일한 학습자

인지를 검증"하는 것이 사실상 불가능하기 때문이다(Snyder, 2012). MOOC 개발자들은 어떻게 하면 부정행위와 표절을 방지할 수 있을지에 많은 시간을 할애하고 있다. 미국 코넬 대학교 총장인 데이비드 스코튼David J. Skorton과 미국 대학연합의 부총장인 글렌 알트슐러Glenn C. Altschuler(2013)는 "교수들은 학습자들이 토론과 협력학습에 적극적으로 참여하게 하는 방안을 찾았는지는 몰라도 시험의 부정행위 또는 표절을 방지하기 위해서 시험을 모니터링 하는 방법에 대해서는 아직 대안이 없다"고 토로하고 있다.

대중성이 부정행위와 표절을 선도할 수 있을까?

많은 학습자가 같은 강의를 듣다 보면 학습자들 간에 서로 답을 알려주거나 과제를 공유하는 일은 비일비재하다. 학습자 수가 많아질수록 부정행위에 대한 유혹은 점점 커지는 반면 들킬 가능성은 적어진다. 미국 캘리포니아 버클리 대학교에서 MOOC를 진행하고 있는 데이비드 패터슨David Paterson 교수는 자신의 경험에서 "한 강의에서 동일한 과제를 제출한 학습자가 20명이나 되는 경우도 있었다"고 말한다(Webley, 2012). MOOC의 퀴즈나 시험이 대부분 선다형이라는 점이 부정행위나 표절에 대한 증거 없이 쉽게 공유하도록 만든다. 대부분의 경우에서 학습자들은 교수로부터 직접 평가를 받기보다는 소프트웨어나 동료 평가 시스템에 의해 평가를 받도록 구성되어 있다. MOOC에서 부정행위가 빈번한 또 다른 이유는 한 개 이상의 인터넷 계정을 쉽게 만들 수 있기 때문이다. "그럴듯한 사용자 이름으로 추가 계정을 만드는 데 단지 5분이면 충분하다"(Pappano, 2012). 학습자들은 시험 문제를 미리 확인해 보기 위하여 다수의 계정을 유용하게 사용할 수 있다. 학습자들은 원래 자신의 계정으로 시험을 치르기 전에 가명 계정으로 먼저 시험을 볼 수 있는 것이다.

학습자 신원 확인과 명예 제도

표절을 걸러내는 소프트웨어나 웹사이트의 활용은 이미 흔한 일이다. 코세라는 학습자들의 표절과 부정행위에 대한 교수들의 빈번한 문제 제기에 대해 다음과 같은 대책을 내놓고 있다.

> 기관의 명예 제도에는 학습자들이 매번 자신의 과제를 제출할 때마다 "명예 제도에 따라 나는 나의 답안이 내 스스로 작성된 것이며 내가 참고한 모든 외부 문서는 출처를 분명히 밝혔음을 선언합니다"라는 항목에 스스로 체크하도록 하였다(Webley, 2012).

MOOC 사업자인 코세라는 최근 수료증 발급 또는 대학 학점 부여에 대한 신뢰성을 확보하기 위해 학습자들의 신원을 보다 분명히 입증할 수 있는 방법을 발표하였다. 코세라의 "인증 트랙"과 같은 신원 검증 과정은 MOOC의 정착을 해치는 방만한 표절과 부정행위를 억제하기 위한 필수불가결한 조치라 할 수 있다. "인증 트랙"에 등록한 학습자들은 자신임을 확인받은 사진을 첨부하여 프로파일을 작성해야 한다. 소프트웨어는 프로파일 생성 시에 학습자들에게 짧은 구절을 입력하도록 하고 학습자 개개인의 패턴 분석 결과와 함께 저장한다. 학습자들은 강의에 로그인할 때마다 똑같은 짧은 구절을 다시 입력하여 동일한 입력 패턴임을 확인받은 후 강의를 수강하고 과제를 제출할 수 있다(Fain, 2013). 이 방법은 얼핏 유용해 보이기는 하지만 그만큼 쉽게 빠져나갈 수도 있다. 학습자들이 일단 자기 계정으로 로그인하고 나면 옆에 있는 다른 사람의 도움을 받았는지 혼자하였는지는 확인할 방법이 없다.

다른 방안으로 MOOC 사업자인 에드엑스는 감독관 시험제를 도입하였다. 이를 통해 학습자의 신원을 확인하고 강의를 수강한 사람과 시험 장소에 나타난 사람이 동일한 학습자인지를 확인할 수 있다. 학습자들이 최소 비용으로 시험을 치를 수 있도록 피어슨 테스트 센터와 협약을 체결하였다. 현재 이 에드엑스에서 강의를 수강한 모든 학습자들은 "수료증"을 받는다. 하지만 감독관 시험을 선택한 학습자들은 이를 추가로 명시한 수료증을 받게 된다. 물론 아직은 이러한 수료증이 대학의 학점으로까지 인정받는 것은 아니지만 학습자가 보다 공정한 시험을 거쳤음을 입증하는 유용한 수단이며 MOOC의 확산에도 긍정적인 영향을 주고 있다. 유다시티의 최고 운영 책임자인 데이비드 스테이븐David Stavens은 인증 역량이야말로 MOOC 확산의 주춧돌이라고 말하면서 강의가 진행되는 학기 내내 학습자들의 참여활동에 대한 검증을 사람이 할 것인지 소프트웨어가 할 것인지가 그 갈림길이 될 것이라고 단언하고 있다(Kolowich, 2012).

최근 미국 교육위원회는 MOOC 강의에 학점을 부여할 수 있는지 여부를 판단하기 위해 코세라와 여러 다른 MOOC 강의를 검토하는 작업에 착수하였다. 본 시범 프로젝트는 "신원 인증"을 비롯하여 시험 절차에 대한 많은 요구사항을 담고 있는데 이를 통과하려면 코세라와 여러 다른 MOOC는 자신의 시험 방식을 변환하여야만 한다. 그 중 하나가 학습자들 스스로 자기 자신임을 증명할 수 있는 감독관 시험제도이다.

코세라는 "소프트웨어와 웹캠을 활용한 원격 시험 감독"을 운영하는 온라인 시험 주관 회사와 협약을 체결하였다(Young, 2012). 지정된 시험 시간에 학습자는 자신의 모습과 신분증을 웹캠에 보이도록 제시하면 회사 담당자가 이를 확인하는 방식이다. 담당자는 또한 학습자가 시험을 치르는 동안 인터넷 검색을 사용하는지 여부도 감시한다. 하지만 이 방식에도 문제점은 많다. 예를 들면 시험 시작 전에 신분증을 확인한다고 해서 그 방에 시험을 도와줄 또 다른 누군가가 없다는 것을 보장하지는 못한다.

MOOC 강사이자 듀크 대학의 생화학자인 모하메드 누어 Mohamed Noor는 이와 같은 감독관 시험 방식에 대해 "이러한 절차가 있어도 학습자가 제출한 답안이 학습자 스스로 작성하였음을 입증하지는 못한다. 학습자가 답안을 입력하는 동안 주변에 여러 사람이 함께 있을 수도 있기 때문"이라며 우려를 표하고 있다(Anderson,

2013). 이 프로그램으로 학습자가 자신의 컴퓨터 앞에서 시험을 치르는 동안 부정행위를 하는지 하지 않는지를 감시할 수는 있지만 학습자가 정보를 찾기 위해서 인터넷 검색도 할 수 없음을 의미하지는 않는다. 대부분의 학습자들은 스마트폰이나 태블릿을 가지고 있으며 시험을 치르는 동안 언제든 감시를 피해 이러한 기기들을 사용할 수 있다. 프록터유(ProctorU)의 부사장인 재로드 모로간Jarrod Morgan에 따르면 각 감독관이 동시에 감시할 수 있는 학습자 수는 4명에서 6명 사이이고(Michels, 2013), 이와 같은 상황에서 학습자들이 시스템을 피해 다른 방법을 찾는 것은 무리가 있다.

또 하나 지적할만한 사항은 이번 시범 프로젝트에서 검토되고 있는 MOOC 강의들은 매우 작은 규모이며 그 수 또한 단지 몇 개일 뿐이라는 사실이다. MOOC에 감독관 시험제를 전적으로 도입하기 위해서는 여전히 고려해야 할 사항이 많이 남아 있다. 하나의 MOOC 강의에 100,000명이 수강하면 무슨 일이 벌어질까? 코세라 한 곳만 해도 거의 2백만 명의 학습자가 등록되어 있는데 이들의 시험을 감독한다는 것은 상당히 힘든 일이다(ACE, 2012). 게다가 학습자들이 계속 늘어나면 이 프로그램에 투입되는 인력 부담은 증가하고 효율은 떨어질 것이다. 40,000명이 듣는 MOOC를 가정해 보자. 평균 10%의 학습자가 수업을 끝까지 이수하고 시험에 임한다고 할 때 동시에 시험을 치르는 4,000명을 감독하기 위해서는 650명의 감독관이 필요하다

(감독관당 6명의 학습자 가정). 이를 투입 인력과 시간으로 환산하면 실로 어마어마한 인건비가 필요하다. MOOC가 궁극적으로 대규모를 지향한다는 점에서 이와 같은 시험 감독은 결코 지속 가능한 모델로 보이지 않는다. 이 감시 방법은 작은 규모의 강의에서는 가망이 있을지 모르지만 MOOC가 추구하는 대규모 강의에 적용하기에는 허점이 너무 많다.

시험 감독제를 둘러싸고 있는 가장 염려스러운 장벽이 잠재적인 비용 문제라는 점은 분명하다. 현재 한 과목 시험당 학습자가 지불하는 비용은 20달러에서 30달러 사이이다. 이 정도 비용은 일주일 커피 값에 불과한 그다지 크지 않은 비용처럼 보일 수 있다. 하지만 전 세계 수많은 학습자에게 30달러는 한 달 치 월급일 수도 있다. 이러한 비용 외에 시험을 치르는 데 문제가 되는 추가 비용과 장애물이 또 있다. 학습자들이 웹캠과 마이크를 미리 준비하지 않았다면 온라인 시험을 치르는 동안 감독관과 즉시 의사소통하기 위해 시험을 치르기 전에 추가로 구입해야만 한다. 나아가 원격 감독 프로그램이 학습자의 컴퓨터에 접근할 수 있도록 몇 가지 기술적인 설정에 대해서도 알고 있어야 한다.

미국 하퍼 대학의 학습관리처장인 케이트 플래틀리Kate Flatley는 최근 자신이 운영 중인 여러 온라인 강의를 위해 온라인 시험 감독 서비스를 이용해 보았다면서 "이러한 시험은 학습자에게 부당한 비용 부담을 지우는 것이고 심각한 사생활 침해 소지 또한 다분하다"라며 강한 반대를 표하고 있다(Levina, 2011). 시험을 위해 컴퓨터에 다른 사람의 원격 접속을 허용하는 것은 시험 중간에 그 사람이 무슨 다른 일을 할지, 심지어 시험 후에라도 그 사람이 여전히 접속 권한을 갖고 있는지에 대한 불안도 무시할 수 없다. 학습자들은 자신의 컴퓨터에 있는 모든 파일에 암호를 설정해야 하지 않을까?

트로이 대학교의 경우 65명이 수강하는 경영학 강의에서 프록터유를 활용한 세 차례의 시험을 시범적으로 시행한 바 있다. 65명 모두 성공적으로 시험을 마쳐 트로이 대학교 자체적으로는 성공적이라고 평가하였지만 수천 명이 수강하는 강의에서 제대로 적용될 것으로 기대하기는 어렵다.

학습자 수가 많아지면 시험 시간을 놓치고, 시험 링크를 잊어버리고, 컴퓨터가 고장이 나서 오류가 발생하고, 인증에 실패하고, 인터넷 접속이 느려지고, 기억장치 메모리가 부족해지는 등 다양한 문제 상황이 발생할 수 있다. 어떤 학습자는 평소 강의를 듣던 컴퓨터가 아닌 다른 컴퓨터에서 시험을 시작할 수 있는데 그 컴퓨터에 시험 소프트웨어가 설치되어 있지 않으면 낭패를 볼 수도 있다. 아마도 가장 흔한 상황은 웹캠을 어떻게 작동시키는지 몰라 웹캠 없이 시험을 치르게 되는 경우일 것이다. 하지만 감독관은 이들 학습자들을 감시하기 위해 오직 원격 감시 프로그램만 사용하고 그 자체는 제대로 작동하고 있다고 여길 수 있으므로 시험은 무사히 마칠 수 있다(Troy University, 2012). 하물며 시험을 치르는 데 핵심 장치의 하나인 웹캠이 아예 고장이라도 난다면 어떻게 되겠는가?

코세라와 여러 MOOC가 정부의 정식승인을 고려한다면 학습자에 대한 이와 같은 것을 입증하는 감독관은 필수적인 요소일 것이다. 이는 그 동안 MOOC를 바라보던 관점에서 볼 때 의미 있는 변화를 뜻한다. 감독관 시험은 어느 특정 시간에 심지어 특정 장소에서 시행되어야 하기 때문에 MOOC의 편의성이 크게 위축될 수 있다. 학습자들은 정해진 시간에 지정된 시험 장소나 컴퓨터 앞에 있어야만 한다. 이것은 직장 업무로 바쁜 와중에도 공부할 수 있고 집에서도 편하게 공부할 수 있는 환경을 제공한다는 MOOC의 혜택이 점점 사라짐을 의미한다. 게다가 모든 사람에게 무료이고 공개된다는 MOOC의 사상 또한 시험과 인증 비용의 추가로 인해 심각하게 훼손될 수 있을 것이다.

정직함의 유지

MOOC는 무료이고 학습자가 특별히 비용을 지불하지 않는 한 대학 학점 인정이 없음에도 불구하고 MOOC에 만연한 표절과 부정행

위의 확산은 학습자가 얻어갈 수 있는 교육의 품질을 따져볼 때 심각한 우려가 아닐 수 없다. 학습자들이 일단 우수한 품질의 지식에 접근할 수 있는 기회를 얻었다고 하더라도 실제로 그 지식을 온전한 내 것으로 만들기 위해서는 학습 정보와 개념을 습득하는 데 적극적으로 참여하고 부단히 노력하는 행동이 뒷받침되어야 한다. 미국 UC 버클리의 데이비드 패터슨은 MOOC의 학습 환경을 "부정행위가 넘쳐나는 학습 환경"이라고 표현하였다(Wukman, 2012).

학습자의 부정행위를 유발하는 요인은 매우 다양하다. 자기도 모르게 너무 쉽게 저지를 수 있지만 어떻게든 일단 과제를 완성하여 제출하였다면 표면적이나마 그 과제에 대해 아주 조금이라도 남는 것이 있을 것이다. 여하튼 과제를 마무리하기 위해서는 약간이라도 생각을 했을 것이기 때문이다. 대학 강의의 중요한 요소의 하나는 학습자들의 에세이 작성인데 MOOC에서 성적이 어떻게 부여되는지를 고려하지 않더라도 이 부분은 역시 예외가 아니다. 대다수 MOOC 강의에서 평가는 동료 평가로 이루어진다. 이것은 교수가 아닌 자신과 비슷한 동료 학습자들이 평가하는 것이므로 표절을 하더라도 그들이 이를 발견할 역량이 부족하거나 표절을 확인할 시간이 부족할 것이라는 점에서 부정행위에 대해 덜 민감하다. MOOC에서 표절이 매우 심각한 문제가 되고 있어 일부 교수들은 수시로 수천 명의 학습자들에게 표절하지 말 것을 애원하다시피 한다(Anders, 2012). MOOC는 대규모 학습자들이 참여하고 있고 수천 명의 학습자들에게 피드백을 제공해 주기 위해서는 동료 평가가 불가피하기 때문에 동료 평가자들은 "동료 학습자들의 부정행위를 적발해야 하는" 일에 "공공연한 불만"을 제기한다(Anders, 2012). 적발된 표절 사례를 보면 잘라 붙이기나 짜깁기가 대부분이다.

표절과 함께 부정행위의 또 다른 형태는 자신의 공식 계정 외에 "가짜 계정"을 사용하는 일이다. 학습자들은 가짜 계정을 통해 선다형 시험문제를 미리 보고 답을 찾아 자신의 인증 계정으로 시험을 치러 만점 또는 거의 만점을 받는다(Anders, 2012). 이러한 형태의 부정행위는 결코 학습에 도움이 되지 않는다. 선다형 시험은 학습자의 이해 정도를 점검하는 방법으로 학습자가 학습 내용을 완료하는 데 어느 정도 이해했는지, 어떤 부분에 좀 더 개선이 필요한지를 파악하는 도구로써 반드시 학습자 스스로에 의해 치러져야만 한다.

물론 학습자들의 토론 게시판에는 MOOC가 학점도 없고 게다가 무료인데 표절의 여부와 부정행위가 무슨 큰 문제가 되느냐고 논쟁이 이어지고 있다. 하지만 MOOC가 보다 공식적인 인증까지 보장하고자 한다면 이 문제는 반드시 다루어져야 하고 넘어야 할 산이다.

제7장

유명세가 가치가 있을까?

7장

MOOC가 대학 졸업률을 높일 수 있을까? MOOC는 여전히 개발 중임에도 많은 대학교가 원격교육 프로그램의 일환으로 MOOC를 도입하려고 열을 올리고 있다(Lewin, 2013). 전 세계의 다양한 학습자에서 어떤 과목의 관심 분야에 대해 공부하고 싶은 학습자들에게 MOOC는 분명히 매력적이지만 대부분의 학습자는 MOOC로 학점까지 취득하는 것은 어렵다. MOOC의 수료율 역시 낮다. 물론 수강신청을 위한 아무런 요구조건이 없고 미리 수업료를 지불하지도 않았기 때문에 그럴 수 있다(Lewin, 2013). 이에 대해 미국 스탠포드 대학교 통계학 교수인 수잔 홈스Susan Holmes는 "페이스북이 곧 실제 사회생활이 될 수 없듯이 온라인으로 스탠포드 교육을 얻을 수는 없을 것이다"라고 하였다(PBS, 2013). 페이스북과 같은 소셜 네트워킹에 익숙한 일부 사람들도 소셜 네트워킹이 사람 간의 상호작용과 사회화 과정을 대체하지는 않음에 대부분 동의한다. 과연 MOOC는 면대

면 교육이나 전통적인 오프라인 교육을 대체할 수 있을까?

유다시티와 코세라의 대학 학점 평가

미국 교육위원회 대학학점추천서비스(ACE Credit)는 코세라와 유다시티에서 제공하는 강의에 대한 학점 부여 가능성 평가에 돌입하였다(미국 교육위원회, 2013). 유다시티와 코세라는 MOOC 민간사업자로서 여러 대학으로부터 제공받은 MOOC 강의를 서비스하고 있다(미국 교육위원회, 2013). 유다시티는 세바스찬 스런(전 스탠포드 대학교 교수), 데이비드 스테븐스, 마이크 소콜스키Mike Sokolsky에 의해 설립되었고, 코레사는 대프니 콜러Daphne Koller와 앤드류 응 Andrew Ng(전 스탠포드 대학교 교수)에 의해 세워졌다. ACE Credit의 핵심 검토사항은 무료 MOOC 온라인 강의가 전통적인 대학 강의와 동등한 교육과정을 제공하는지를 판단하는 것이다. 만일 그렇다면 그러한 강의에 대학 학점을 부여하는 것도 긍정적으로 검토될 것이다. 코세라는 학습자들이 코세라 강의를 수강한 후에 어느 정도 학습하였는지를 평가 분석하는 팀을 신설하였다. 코세라 설립자들이 기대하는 바는 코세라 강의를 무료로 수강하고 학점까지 원하는 학습자라면 설령 자신의 신원이 노출되더라도 기꺼이 감독관 시험에 응시할 것이라는 점이다. 코세라에서 교수진들이 대학 학점을 확실하게 부여하게 되면 학습자들은 성적증명서 등을 발급할 때 소요되는 비용을 지불할 수도 있다. ACE Credit은 현재 기초수학, 기초통계학, 컴퓨터과학 과목을 심사하고 있다(미국 교육위원회, 2013). MOOC가 과연 학점 인정과 교육의 확대에 기여할 수 있을 것인지 지켜볼 일이다.

MOOC와 학점

현재 미국 대학들이 MOOC 학점을 인정해야 할 의무는 없다. 대학 학점은 현재 미국 내 2,000여 개 학교와 기업 및 군대 내 교육훈련 과정으로 인정되고 있다. 조지아 주립대학교와 콜로라도 주립대학교는 특정 MOOC 과목들에 대한 학점 교류를 긍정적으로 검토할 수 있음을 공식적으로 발표한 바 있다(Lewin, 2013).

미국 내에서 MOOC 과목에 학점을 부여한 최초 사례는 워싱턴 대학교이다. 워싱턴 대학교가 개발하고 있는 MOOC 과목을 보면 응용수학(과학적인 컴퓨팅), 프로그래밍 위주의 컴퓨터과학, 금융재무 관련 과목들이다(University of Washington, 2012). 이들 과목은 물론 무료이다. 하지만 학습자가 학점 취득을 원하면 일부 수업료를 내고 강사의 추가 지도가 포함된 유료 과정을 선택할 수 있다(Long, 2013). 학점 인정 과목을 수강하는 학습자는 강사와 직접 온라인 의사소통을 할 수 있는 권리가 있다. 교수와의 직접적인 온라인 의사소통은 무료 MOOC 강의를 수강하는 학습자들에게는 제공되지 않는다. 대신에 자주 묻는 질문 10개 정도는 교수가 직접 답변을 하고 나머지 질문에 대해서는 조교나 동료가 답변을 한다. 물론 학점 인정 강의의 학습자들은 감독관 시험을 치른다. 또한 학점 인정 강의를 수강하고자 하는 학습자는 대학의 교육복지과에서 요구하는 봉사 활동 요건도 반드시 따라야 한다. 워싱턴 대학교 교육복지과의 목표는 MOOC 강의를 성공적으로 이수할 수 있는 학습자를 선발하는 것이다. 워싱턴 대학교 교육복지과의 MOOC 입학 요건이 구체적으로 무엇인지에 관해서는 아직 공지되지 않았다.

MOOC의 대학 학점 가격은 워싱턴 대학교 학점 과정과 유사하게 책정될 것으로 보인다. 인증 과정의 비용은 다양하지만 일반적으로 세 과목으로 구성되어 과정당 2,000달러에서 5,000달러 수준이다(Long, 2013). 워싱턴 대학교는 몇몇 석사 학위 과정과 석사 수료 인증 프로그램을 온라인으로 제공한다. 하지만 온라인으로 제공되는 학부 과정 학위는 전혀 없다(University of Washington, 2012).

초기 MOOC에는 보충 또는 입문 과목을 위한 강의가 극소수에 불과하였다. 이러한 강의는 저소득 계층 학습자들이나 대학 수준의 학습을 받아들일 준비가 되지 않은 학습자들에게 필수적인 과목이다(Altschuler, 2013). 최근 미국 산호세 주립대학교는 MOOC 강의를 제공하기 위해 유다시티와 협약을 체결하고 유다시티의 과목 중 일부를 선택하여 학점을 인정하기로 하였다(Young, 2013). 이 시범 프로그램을 통해 산호세 주의 고등학교와 커뮤니티 칼리지에 재학 중인 300명이 혜택을 받게 되었고 이들의 대학 진학 준비에 큰 도움이 될 것으로 기대하고 있다. 대상 과목들을 보면 보충 수학, 대학 수학, 통계학 등이며 수업료는 150달러로써 전통적인 일반 강의의 10분의 1

수준이다(Young, 2013). 비록 이들 강의의 가격이 낮을지라도 이를 진정한 MOOC라 할 수 있을까? MOOC 학점이 비용을 지불하는 사람들에게만 가능한 일이라면 공개되어 있다고 할 수 있을까? 교육기관이 MOOC 강의에 비용을 부과하려고 한다면 그것은 이미 MOOC라고 할 수 없다. 비용을 부과하는 MOOC는 MOOC의 원래 기본 정신에 위배되는 것이다.

보충 및 입문 MOOC

미국 캘리포니아 주립대학교 학습자들의 절반 이상이 보충 과목을 수강한다. 이들 강의는 학자금 지원이 있기는 하지만 수업료를 받는다. 하지만 대학 졸업 학점에는 포함되지 않는다. MOOC가 바로 이 문제의 대안이 될 수 있다. 현재 MOOC에서 과정을 끝까지 이수하는 학습자들을 보면 이미 학위를 갖고 있으면서 공부를 더 하고 싶어 하는 자발적인 동기부여가 된 사람들이 대부분이다. 많은 대학이 MOOC에 뛰어들고 있지만 초급자나 공부하기 힘든 사람들을 위한 MOOC가 될 수 있을지에 대해서는 의문이 있다. 수업료를 낮춘다고 해서 MOOC가 고품질의 교육을 제공하도록 확대될 것인가? MOOC는 하나의 "실험"이라고 단언하는 스런의 말처럼 현재 이 질문에 대한 정확한 대답은 아직 없다(Young, 2013). 물론 연구가 더 필요하다. 하지만 보다 중요한 것은 이 연구를 어디에서 누구를 대상으로 수행할 것이냐는 점이다. 현 시점에서 MOOC에 등록한 학습자의 대략 90% 정도는 강의를 끝까지 이수하지 못한다. 강의의 수강 신청이 워낙 쉬워서 그렇기도 하겠지만 이 정도의 높은 중도 탈락률은 정상적인 강의라고 볼 수 없다. 향후 대부분의 대학이 MOOC 학점 인정을 받아들일 때 이 문제는 학자금 지원 제도에도 상당히 큰 변화를 초래할 것이다(Laitinen, 2012).

미국의 수십여 공립대학들은 전 세계 학습자를 대상으로 무료 온라인 학점 강의를 입문 과목으로 개설하려고 계획하고 있다. 이를 이수한 학습자들이 유료 학위 프로그램에 등록할 것으로 기대하고 있다. 미국 애리조나 주립대학교, 신시내티 대학교, 아칸소 대학교 등은 기존 온라인 강의들을 온라인 공개 강의로 변환할 것인지 아니면 MOOC2Degree라는 새로운 MOOC 프로그램으로 전환할지를 검토하고 있다(The Princeton Review, 2013).

유료 학점

회사 입장에서 보면 재정적으로 지속 가능한 상태에서 어떻게 온라인 무료 강의를 운영할 수 있을까? MOOC가 재정적으로 지속 가능할 수 있는 한 가지 방법은 일반 대중에게는 공공의 목적으로 무료 제공하고 전통적인 대학 교육의 대안으로써 MOOC를 활용하려는 사람들에게는 비용을 부과하는 것이다. 궁극적으로 대학 학위 과정 전체를 완전 무료로 제공하려는 MOOC 사업자의 등장은 불가피해 보인다. 재정 문제는 온라인 광고나 전향적인 경영자를 통해 해결될 수 있을 것이다. 어쩌면 미래의 전 세계 교육은 소셜 네트워킹 사이트처럼 보이지 않을까?

제8장

MOOC 마무리

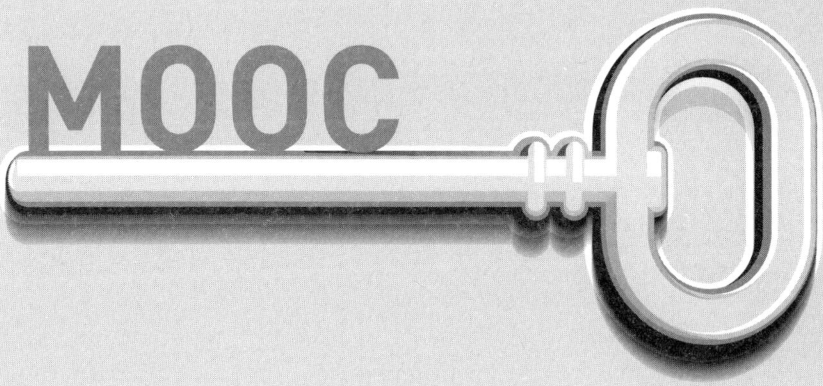

8장

MOOC의 미래는 희망이자 도전이다. 미국 아이비리그를 포함하여 대학 수준의 온라인 강의들을 인터넷만 연결되면 전 세계 누구에게나 무료로 전달할 수 있다. MOOC는 사람들이 전문적인 직업 능력을 향상시키는 데 도움을 줄 수 있고 개인적 영역과 학문적 영역을 확대하는 데도 도움을 줄 수 있다. 전 세계 수많은 학습자를 위한 무료 온라인 교육이 제공되면서 학교 교육, 상호작용 학습, 활동적인 학습의 교육 현장에서 일대 혁신이 일어나고 있다. 한편 대규모 강의, 대학 강의 준비 수준의 다양성, 학문적 윤리, 대학에서 학점 인정 여부 등과 같은 다양한 문제로부터 도전을 받고 있다.

과연 MOOC가 오늘날 대학 교육 상황의 대안이 될 수 있을까? 지속적으로 보완이 이루어지면 예상대로 MOOC는 고등교육 체계를 변화시킬 수 있는 파괴적 혁신이 될 것이다. MOOC 대중화라는 소용돌이의 뿌리는 지난 30년간 노동임금은 제자리인데 대학 등록금은

600% 넘게 인상되었다는 데 기인하고 있다. 뉴욕타임즈 교육담당기자인 타마르 르윈Tamar Lewin에 따르면 "높은 등록금에 대한 저항을 이미 피부로 느끼고 있는 하위권 대학들은 학습자에게 자신의 교육과정이 등록금의 가치를 한다는 믿음을 주는 데 어려움을 겪고 있다"라고 한다(Lewin, 2012).

온라인 교육이 분명 효과적인 학습 형식이 될 수 있다는 점은 사실이지만 MOOC로부터 학습자가 뭔가를 배울 것이라는 확신은 없다. 온라인 강의에서는 할 일을 뒤로 미루기가 쉽다. 일부 학습자들은 겨우 일주일에 한번 강의를 확인하고 과제를 제출하고 온라인 토론에 참여한다. 학습 내용을 배우고자 하는 학습자라면 모든 과정에 적극적으로 참여해야만 한다. 여러 MOOC가 학습자의 참여를 이끌어내는 새로운 기술들을 구현해왔다. 이러한 기술은 강의 제공자, 설계자, 교사들이 학습자에게 적극적으로 강의에 참여하게 하고 강의를 완료할 때까지 학습 동기 부여 방법을 찾는 데 매우 중요한 역할을 한다.

현재와 같은 교실 수업에서 학습자들이 강의를 수강할 때는 교사의 교수법이 학습속도, 학습내용 전달방법, 학습활동, 평가활동 등의 측면에서 개별 학습자의 요구를 반영하기보다는 학급 전체를 대상으로 설계되었다. MOOC에서는 학습자 상호작용과 같은 수단과 자동화된 학습과정을 통해서 개별 학습자들의 요구 사항을 만족시킬 수 있다. 학습자들은 소셜 네트워크나 구글 행아웃과 같은 다양한 방법을 통해서 다른 학습자들과 상호작용할 수 있다. 이것은 동영상이나 웹캠을 이용할 수 있는 곳이면 어디서든 가능한 것이고, 온라인에서 면대면 상황을 가상적으로 실현하는 것이다. 또한 학습자들은 강의의 토론 게시판에서 댓글의 댓글을 통해 참여할 수 있고, MOOC에서의 이러한 토론 및 참여 활동은 성적에도 반영된다. 실질적으로 MOOC에서 교수는 학습을 지원하는 역할을 수행하고 실제 학습은 학습자들 간의 상호작용을 통해서 이루어진다.

온라인 교육에서 학습자들은 다른 학습자들과 함께 활동하고 새로운 내용을 배우는 활동적인 학습 환경에 참여한다. 학습자들은 토론, 상호작용 동영상, 상호작용 멀티미디어 활용, 독서와 같은 다양한 형태로 새로운 지식을 습득할 수 있다. 현재 전 세계 250만 명 이상의 학습자가 MOOC에 참여하고 있고 서로 지식을 나누고 있다. MOOC 학습 환경은 제한이 없는 수강 규모로 인해 학습자들로 하여금 다양한 형태로 상호작용하는 것이 가능하다. 이러한 장점은 작은 규모의 강의에서는 결코 기대할 수 없었던 학습과정인 것이다.

현재 대부분의 MOOC는 무료이고 무료로 제공되는 MOOC는 직접적으로 대학 학점을 부여하지 않지만 MOOC는 많은 혜택을 제공하고 있다. 이미 수많은 학습자가 MOOC에 참여하고 있기 때문에 MOOC는 교육비용은 절감시키고 교육의 접근 기회를 향상시키는 데 크게 기여하고 있다. MOOC는 또한 세계적으로 교육성과를 높이는 데 도움을 줄 수 있다. 무료교육이 학점 취득을 위해 비용을 지불하여야 하는 것이 아니라 지식 그 자체로 지속적 평가를 하도록 바꾸고 있다. MOOC를 통해 학습자들은 미국 아이비리그 명문대학의 강의에 등록할 수 있게 되면서 하위권 대학들이 도태될 것이라는 우려도 나오고 있다. MIT의 월터 루윈Walter Lewin 교수는 "미국에서 매우 좋지 않은 대학들의 상당수가 곧 사라질 것이다. 10년이 걸릴 지 20년이 걸릴 지는 모르지만 분명한 것은 반드시 그렇게 되고 있다"라고 예측하고 있다(Parr, 2013). 가까운 미래에 학습자들은 일류대학이 아닌 학교에 등록하는 대신에 MOOC를 통해 수업을 듣고 나아가 학위까지 취득하게 될 것이다.

MOOC가 많은 장점을 갖고 있기는 하지만 문제점도 적지 않다. 거대한 강의 규모, 대학수업 준비 수준의 다양성, 토론의 질, 높은 자연 감소, 교사의 피드백 부족 등이 그것이다. 온라인 강의에서 성공적으로 학습하기 위해서는 학습자들의 분명한 학습동기, 주도권, 자신감이 요구된다. 이러한 각오가 없으면 온라인 학습 환경에서 학습시간은 학습자들에게 부담만 된다. 브리티시 콜롬비아 대학교 교수이자 읽기 개선 교육의 작가인 로지 레드필드Rosie Redfield는 MOOC의 자연 감소율을 자전거타기에 비유한다. 로지는 학습자들에게 다음과 같이 설명한다.

> 핵심은 동기 부족이다. 처음 자전거를 배울 때를 생각해 보면 넘어지는 것이 무섭기는 하지만 정말로 해내고 싶어 한다. 도중에 포기하는 경우를 보면 발목 인대 부상과 같은 확실한 이유도 있겠지만 대부분의 경우는 단지 학습 동기의 결여이다. 그만두면 무언가 많은 것을 놓치게 된다는 것을 알면서도 동기가 사라지면서 그저 또 한 번의 학습 실패 경험만 쌓이게 된다(Redfield, 2012).

MOOC는 인터넷이 연결된 누구에게나 열려 있기 때문에 대학 수업에 대한 준비 부족이 높은 중도탈락률의 원인이 될 수 있다. 하지만 역설적으로 MOOC가 그 해결책이기도 하다. MOOC에 점점 더 많은 보충 강의들이 개설되고 있기 때문이다. 전통적인 대학에서는 유사한 강의를 수강하기 위해서 수업료를 지불해야 하지만 MOOC의 여러 보충 강의는 무료로 수강할 수 있도록 개방되어 있어 누구나 학습할 수 있다. 전통적인 대학에서 보충 강의들은 대학 졸업 학점에 포함되지 않으므로 MOOC 보충 강의 수강은 매력적인 대안이 아닐 수 없다.

비록 대부분의 MOOC가 무료이고 대학 학점 인정도 제공되지 않지만 만연한 표절과 부정행위는 심각한 문제이다. MOOC 학습자는 자신이 원하면 국제적인 네트워크로 제공되는 시험 센터에서 감독관

입회하에 시험을 치를 수 있다. 이에 대해 에드엑스 초대 총장인 아난트 아가르왈Anant Agarwall 교수는 "감독관 시험은 매우 중요한 단계이다. 지금까지는 직업을 구하거나 상급 학교 진학을 할 때 학습자들이 MOOC에서 공부했다는 사실을 공식적으로 입증할 방법이 없었기 때문이다"고 강조한다(Coughlan, 2012). MOOC 강의를 어디에서나 학점으로 인정하기 위해서는 부정행위, 표절, 신원확인에 대한 문제를 다루는 대책이 선행되어야 한다.

MOOC 강의는 원래 학점 취득을 염두에 두지 않았지만 대다수 대학에서 MOOC 강의에 학점을 인정하려고 시행하고 있다. 하지만 이들 대부분은 별도의 비용을 요구하는 데 그러면 학점 취득을 위해서는 무료도 아니고 모두에게 열려 있다고 말할 수 없으므로 엄밀히 말하면 MOOC라고 할 수 없다. 미국 교육위원회는 코세라에서 제공하는 5개의 학점 취득 과목을 추천한 바 있다. 미국의 고등교육전문지 The Chronicle of Higher Education의 기자인 스티브 콜로위치Steve Kolowich에 따르면 듀크 대학교, 얼바인 캘리포니아 대학교, 펜실베이니아 대학교에서 학점 취득이 가능한 MOOC 강의를 제공하고는 있지만 MOOC 학점을 인정할지 여부는 결국 그 학습자를 받아들일 대학에서 결정할 일이다(Kolowich, 2013).

MOOC가 모든 대학 강의를 근본적으로 변화시킬 것으로 보이지는 않는다. 또한 교육비 부담 문제에 대한 확실한 대안도 아니다(워싱턴 대학교의 MOOC 비용과 온라인 강의 비용은 같음). MOOC는 교육을 온라인으로 제공하는 한 가지 수단이다. MOOC가 많은 사람이 기대하거나 우려하는 파괴적 혁신을 이루려면 이 혁신을 단지 기존 시스템을 보완하는 수준에 머무르게 하는 지속적 혁신에 맞서도록 노력해야만 할 것이다. MOOC가 대학 학점을 부여한다면 대학 진학 기회를 넓히는 데 기여할 수 있겠지만 이를 위해 학습자들이 비용을 지불해야 한다면 무료이고 공개 교육이라는 MOOC의 꿈은 무너질 것이다. 이 혁신이 진정한 혁신이 되기 위해서는 대학 학점 문제가 어떻게든 해결되어야 하는데 그 방법은 학습자들에게 대학 학점을 무료로 취득할 수 있게 하는 제도를 제공하거나 아니면 학습 완료를 인정할 수 있는 대안적인 체제를 개발하여 완전히 새로운 차원의 접근으로 문제를 해결하거나 둘 중 하나가 될 것이다.

하이브리드 페다고지(A Digital Journal of Teaching and Technology)의 객원기자인 크리스 프렌드Chris Friend는 "MOOC의 미래는 그 형식에 있는 것이 아니라 근본적인 질문들 속에 있다. 즉 학습이 어디서 이루어지는가? 효과적인 협력학습의 전제조건은 무엇인가? 어떻게 하면 보다 더 실제적인 학습이 되도록 평가할 수 있을까? 교실 내에서 감독과 지시는 어느 정도가 적당할까? 등이 바로 그것이다"(Friend, 2012)라고 말하였다. 이 질문들은 MOOC가 디지털 시대의 새로운 교육 지평을 지속적으로 열어가기 위해 반드시 짚고 넘어

가야 할 중요한 문제이다.

MOOC의 미래는 무엇일까? 단지 고등교육에서 하나의 도구로 사용될 것인가 아니면 기존 고등교육 시스템 전체를 완전히 해체할 것인가? 뉴 아메리칸 재단 교육정책분야 이사인 케빈 커레이Kevin Carey는 대학 학점 판매에 있어 대학 독점 구조는 대학 체제를 유지하는 핵심 요소라고 지적한다. 이어 커레이는 MOOC가 "대학 학점 독점 체제의 붕괴를 가속화할 것"이라고 예견하고 있다(Carey, 2012). MOOC의 이러한 미래를 사람들이 환영하든 두려워하든 분명한 것은 이 변화에 엄청난 이해관계가 있다는 사실이다. 또한 전통적인 교육 시스템에 종사하는 사람들 중에는 MOOC의 위협에 대해 어떻게든 MOOC의 기술과 혁신을 지속 가능한 혁신 정도로 무마시키려는 사람들도 있을 것이고 자신의 생계를 잃을 수 있는 사람도 있을 것이다.

헨리 데이비드 소로우Henry David Thoreau의 말을 다시 살펴보자. "우리는 우리의 교육 시스템을 자랑스럽게 말하고 있지만 결국은 학교와 교사뿐이다. 우리 모두가 교사이고, 우리의 학교는 세계 전체이다"(Thoreau, 1859). 모든 학습자가 학교 건물로 등교해야 한다는 생각은 지나간 과거의 유물이다. 우리의 학교는 인터넷이 될 것이며 그 학교는 사는 장소나 생활환경에 상관없이 누구에게나 열려 있다. MOOC는 이제 교육자나 행정가에게 배움에 대한 기존의 생각을 되돌아보고 온라인 교육이 어떻게 변화하고 발전하는지를 진지하게 고민할 것을 요구하고 있다.

MOOC은 이미 우리 곁에 다가와 머무르고 있고 교육의 혁명을 일으키고 있다. 역사의 용광로 속에서도 빛나는 섬광이 되고 있다. 어쩌면 학습자들이 여전히 수업료를 내며 참여해야 하는 단지 또 다른 형태의 대학 강의로 변모될 수도 있다. 어찌되었든 MOOC는 이미 전 세계 교육 체계에 돌이킬 수 없는 변화를 가져왔고 부인할 수 없는 몇몇 명백한 사실이 이를 뒷받침하고 있다. 첫째는 무료 온라인 강의라는 형태로 무료 교육 제공이 가능함을 증명한 것이고, 둘째는 무료 교육에 대한 수요와 관심이 둘 다 존재하고 있음을 보인 것이며, 마지막으로 세계에서 최고로 비싼 교육기관에서나 가능한 고품질의 교육이 대중에게 무료로 제공될 수 있음을 입증한 것이다. 이 책에서 제시한 많은 논의의 상당 부분이 MOOC 운동에서 아직 진행 중이라 하더라도 MOOC, 즉 대규모 온라인 공개 강의는 이미 세상을 바꾸어 놓았다. 이제 우리에게 남은 과제는 이러한 변화를 제대로 이해하고 모두에게 최대의 혜택이 돌아갈 수 있는 미래를 준비하는 일이다.

교육에 관심 있는 사람이라면 누구나 이 흥미진진한 영역으로 참여하는 것에 주저함이 없을 것이다. 궁극적으로 교육은 재정적 상황이나 거주 지역에 관계없이 전 세계 누구에게나 참여할 수 있는 혁신으로 변화될 것이다. 그리하여 교육이 교육자에게 과연 무엇인지, 학습자에게 과연 무엇인지를 완전히 재정립하는 혁명이 될 것이다.